JN090840

地　理

/8 問

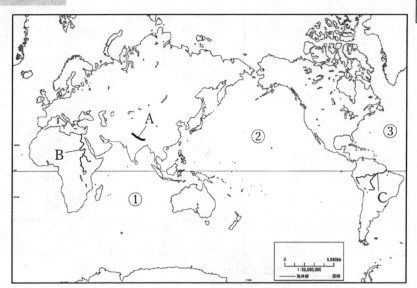

（1）世界を六大陸に分けたとき，面積が世界最大の大陸はどこか。

（2）世界を六つの州に分けたとき，オーストラリア大陸と太平洋の島々で構成されている州は何州か。

（3）Aは世界一高い山をもつ山脈を指している。この山脈名を答えなさい。

（4）Bで指したものは，世界最長の河川を簡単に描いたものである。世界最長の河川名を答えなさい。

（5）Cで指したものは，流域面積が世界最大の河川を簡単に描いたものである。この河川名を答えなさい。

（6）地図中の①～③の海洋の名前を答えなさい。

①

②

③

/8問

（1）地球上の陸地と海洋の面積比はおよそのくらいか。
　　次の中から最も適当なものを1つ選びなさい。

　　　ア　1：9　　イ　2：8　　ウ　3：7　　エ　4：6

（2）日本などの国土をすべて海に囲まれている国を島国という
　　が，モンゴルなどの海に面していない国を何というか。

（3）地球の地軸が傾いていることによって，北極・南極付近で
　　夏期に見られる，一日中太陽が沈まない現象を何というか。

（4）現在(2024年)の世界人口として，最も近いものは次のどれか。

　　　ア　約40億人　　　　イ　約60億人
　　　ウ　約80億人　　　　エ　約100億人

（5）イギリスのロンドンを通る経度0度の経線を何というか。

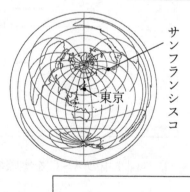

（6）右の東京を中心に東京からの距離と方位が正しい
　　略地図について，①〜③の文章が正しければ○を，
　　間違っていれば×を解答欄に書きなさい。

　　①　この地図は航海図として広く使われている。

　　②　東京から真東に進むと最初にたどり着く大陸は
　　　　南アメリカ大陸である。

　　③　8方位で表すと，東京から見てサンフランシスコは
　　　　北東方向にある。

/4 問

（1）地球儀を下のように赤道，本初子午線，東経 90 度，西経 90 度
　　でア〜エの 4 つの地域に分けたとき，陸地面積が最も大きくなる
　　ところはどこか。

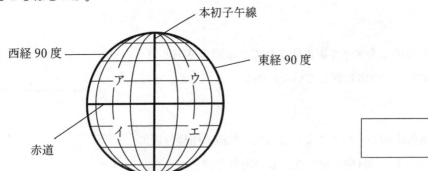

本初子午線

西経 90 度

東経 90 度

ア　　ウ

イ　　エ

赤道

（2）地図Ⅰ，Ⅱについて，①〜③の問いに答えなさい。

地図Ⅰ

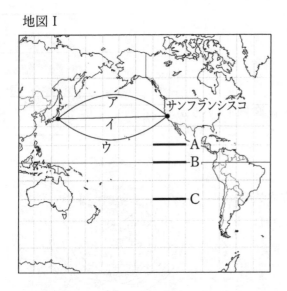

地図Ⅱ

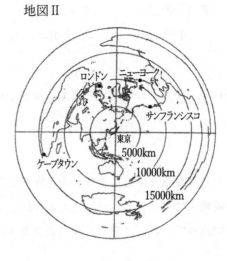

① 地図Ⅰ中の A〜C を実際の距離が長い順に並べなさ
　い。

→　　　→

② 東京からサンフランシスコへ飛行機で行く場合の最短
　コースはどれか。東京からの距離と方位が正しい地図
　Ⅱを参考にして，地図Ⅰのア〜ウから選びなさい。

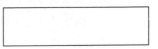

③ 地図Ⅱ中の東京以外の 4 都市のうち，東京から最も遠い
　都市名を答えなさい。

/4問

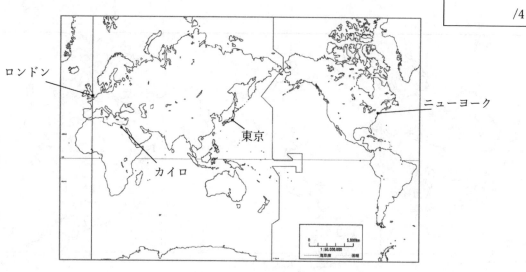

（1）日本（東経135度）が1月10日午前11時のとき，ロンドン（経度0度）は
　　何月何日の何時か。

（2）日本（東経135度）が11月2日午前10時のとき，ニューヨーク（西経75度）は
　　何月何日の何時か。

（3）日本（東経135度）を日本時間3月20日午後8時に出発した飛行機が7時間かけて
　　カイロ（東経30度）に到着した。この飛行機はカイロ時間の何月何日何時に到着したか。

（4）日本（東経135度）を日本時間の10月2日午後3時に飛行機で出発し，ニューヨーク
　　（西経75度）に現地時間の10月2日午後2時に到着した。日本からニューヨークまでの
　　飛行機での移動時間は何時間か。

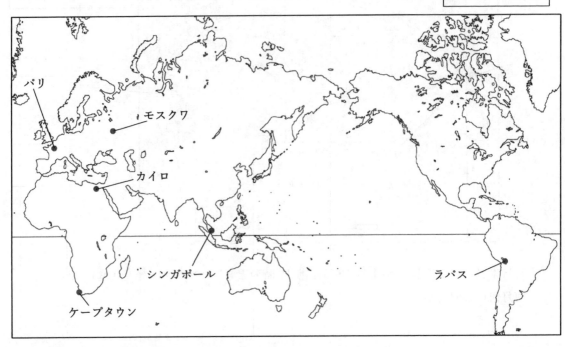

次の雨温図を示す場所を地図中の都市名から選びなさい。

（気象庁より）

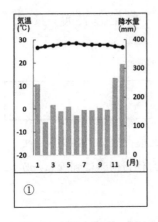

①

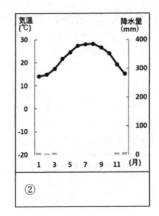

②

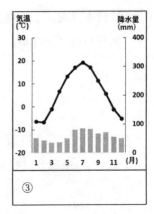

③

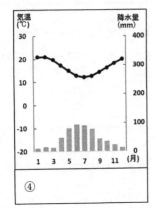

④

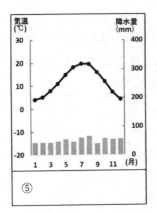

⑤

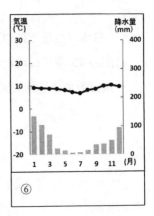

⑥

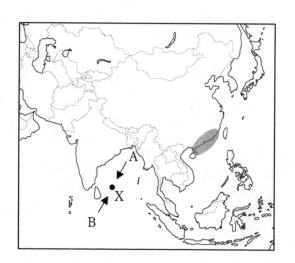

（1）中国で人口の増加をおさえるために 1979 年から行った
　　政策を何というか。

（2） ⬤ で示した中国南部の沿岸部では，工業化を進めるために
　　積極的に外国企業を受け入れた。この地区を何というか。

（3）地点 X 付近では夏と冬で吹く向きが変わる風がある。夏は
　　A，B どちら向きに吹くか。また，この風の名称も答えなさい。

向き
名称

（4）アジア州を細かく区分したとき，日本や中国が位置している
　　地域を何というか。

（5）次のうち，中国での生産量(生産台数)が世界１位でない
　　ものはどれか。

　　　ア 米　　イ 小麦　　ウ 大豆　　エ パソコン

（6）東南アジアの稲作で行われている，同じ土地で１年に２回
　　同じ作物を栽培することを何というか。

（7）東南アジアの経済・政治的な協力を深めるために結成された，
　　東南アジアの 10 か国が加盟している組織を何というか。

/10問

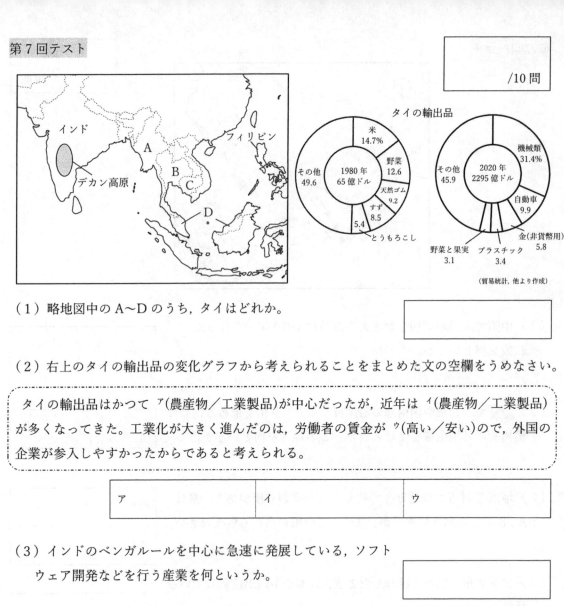

タイの輸出品

（貿易統計, 他より作成）

（1）略地図中の A〜D のうち, タイはどれか。

（2）右上のタイの輸出品の変化グラフから考えられることをまとめた文の空欄をうめなさい。

　タイの輸出品はかつて ア(農産物／工業製品)が中心だったが, 近年は イ(農産物／工業製品)が多くなってきた。工業化が大きく進んだのは, 労働者の賃金が ウ(高い／安い)ので, 外国の企業が参入しやすかったからであると考えられる。

ア	イ	ウ

（3）インドのベンガルールを中心に急速に発展している, ソフトウェア開発などを行う産業を何というか。

（4）インドのデカン高原周辺で栽培が盛んな農作物は何か。

（5）インドとフィリピンで主に信仰されている宗教をそれぞれ答えなさい。

インド

フィリピン

（6）東南アジアなどの熱帯や亜熱帯で見られる, 天然ゴムなどの特定の作物を大量に栽培する大規模農園を何というか。

（7）サウジアラビアなどの産油国の国々が結成し, 原油価格の設定などで世界に大きな影響力を持つ, 石油輸出国機構をアルファベットの略称で何というか。

地図1

地図2

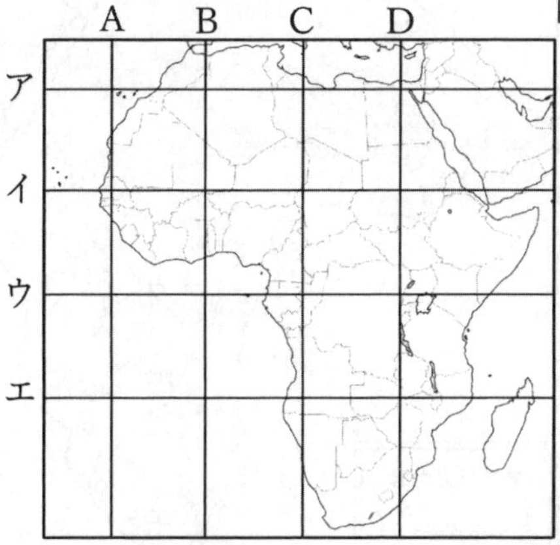

（1）地図1の⬤で示した地域に広がる世界最大の砂漠を何
　　というか。

（2）（1）の南に接してわずかに木や草が生えている地域を
　　（　ア　）といい，この周辺で盛んな，草木を焼き尽くし，
　　できた灰を肥料にして畑作を行う農業を（　イ　）という。

ア

イ

（3）アフリカに豊富に埋蔵されており，スマートフォンやパソ
　　コンに多く使われる貴重な金属を何というか。

（4）地図2について，正しい赤道の位置をア〜エから，正しい
　　本初子午線の位置をA〜Dからそれぞれ選びなさい。

赤道

本初子午線

（5）コートジボワールのカカオ豆，ザンビアの銅のようにある特定
　　の農産物・資源の輸出にたよっている国の経済を何というか。

（6）（5）の経済が不安定である理由を次から1つ選び，記号で答えなさい。

　　ア　天候や景気のよって取引価格が変化しやすく，収入が安定しないから。

　　イ　外国企業が国内にどんどん進出してくることになるから。

　　ウ　政府が作られた商品すべてを買い取らなければいけないから。

8

/7 問

（1）砂漠などで見られる，乾燥した土地で草や水を求めて家畜
　　　とともに移動する農業を何というか。

（2）アフリカ州で直線的な国境が多くみられるのはなぜか。

（3）アフリカ大陸で最も人口が多く，輸出の約8割を石油に
　　　頼っている国を略地図中のア～エから1つ選びなさい。

（4）アフリカ州の北側で，最も信仰されている宗教は（　ア　）教で，南側の地域では，
　　　伝統的な宗教のほかに植民地時代の影響で（　イ　）教も広がっている。

ア	イ

（5）アフリカの国々が加盟している，2002年に地域統合を目指
　　　して結成された組織を何というか。

（6）アフリカ諸国などへ学校建設や技術指導などの国際的な活動
　　　を行っている，非政府組織をアルファベット三文字で何というか。

/9問

（1）略地図中のAの山脈を何というか。

（2）ライン川やドナウ川のように，複数の国を流れる河川を何と
いうか。

（3）ヨーロッパ西部は高緯度にもかかわらず，西寄りの風XとYの海流の
影響で寒さがやわらいでいる。このXの風とYの海流の名前を答えなさい。

X	Y

（4）地中海の沿岸部は，夏に乾燥し，冬に比較的降水量が多い。
この地域で盛んに生産されていないものを【 】内から1つ
選びなさい。　　【 小麦，　オリーブ，　ぶどう，　米 】

（5）スカンディナビア半島の海岸線Zにみられる，氷河に
よって削られてできた複雑な海岸地形を何というか。

（6）ヨーロッパの国々が政治・経済的な統合を進めるため，
1993年に結成した組織を何というか。

（7）2002年に導入された（6）の共通通貨を何というか。

（8）（6）は加盟国間で経済格差が大きい。1人当たりの国民
総所得が低いのは西ヨーロッパと東ヨーロッパのどちらか。

/7問

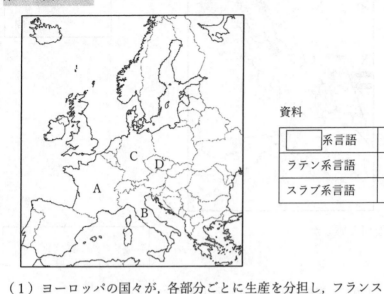

資料

□□系言語	英語, ドイツ語など
ラテン系言語	フランス語, スペイン語など
スラブ系言語	ロシア語, ポーランド語など

（1）ヨーロッパの国々が, 各部分ごとに生産を分担し, フランス
　　で組み立てを行っている輸送機械は何か。

（2）ヨーロッパ最大の工業地域であるルール工業地帯がある国は
　　どこか。略地図中のA〜Dから選び, 記号で答えなさい。

（3）EU最大の農業国で, 世界有数の小麦輸出国である国を略地
　　図中のA〜Dから選び, 記号で答えなさい。

（4）ヨーロッパ州の多くの地域で信仰されている宗教は何か。

（5）資料はヨーロッパ州の国々の言語を, 大きく3つに分類して
　　表したものである。□□□に入る語句を書きなさい。

（6）ロシア連邦などの冷帯・寒帯地域でみられるマツやモミなど
　　の針葉樹林を何というか。

（7）ロシア連邦で生産された原油や天然ガスの多くは, 何を利用
　　してヨーロッパの国々へ輸出されているか。

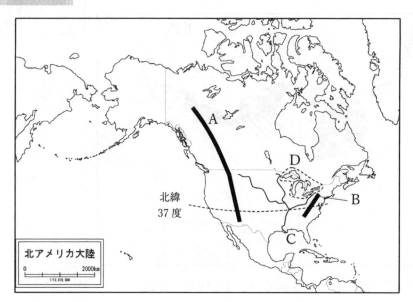

北緯
37度

北アメリカ大陸
0   2000km
1/12,878,000

（1）A , B の山脈名をそれぞれ答えなさい。

A

B

（2）中央平原などを流れる北アメリカ最長の C の河川を何というか。

（3）A の山脈の東に位置する，高原状の大平原を何というか。

（4）周辺では鉄鋼や自動車の生産や酪農が盛んになっている D
　　の湖を何というか。

（5）アメリカでは，気温・降水量・土地などの自然環境と市場
　　などの社会的な条件に対応した農業を行っている。これを何
　　というか。

（6）①アメリカの北緯 37 度以南の地域で発達した工業地域を
　　何というか。②また，その中でも特に ICT 関連の産業が集
　　中しているサンフランシスコ郊外の地区を何というか。

①

②

（7）経済的な結びつきを強めるために協定を結んだ北アメリカ
　　州の 3 国はアメリカ，カナダとどこか。

/6問

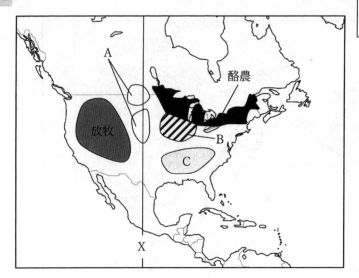

（1）略地図中の A～C で盛んに生産されている農産物の名前を,
　　　下の世界輸出量グラフを参考にして【　】の中から選びなさい。

A 計1.98億t	ロシア 13.8%	オーストラリア 12.9	アメリカ 12.1	カナダ 10.9	その他 50.3	

B 計1.96億t	アメリカ 35.7%		アルゼンチン 18.8	ウクライナ 12.5	ブラジル 10.4	その他 22.5

C 計948万t	アメリカ 31.4%		ブラジル 21.3	インド 13.6	オーストラリア 7.6	その他 26.2

(2021年 FAOSTAT より作成)

A	
B	
C	

【　米,　小麦,　とうもろこし,　さとうきび,　茶,　綿花　】

（2）略地図中の経線 X はアメリカで農業の大きな区分の基準と
　　　なる線である。この経線は何度か, 正しいものを選びなさい。

　　ア　東経40度　　イ　東経100度
　　ウ　西経40度　　エ　西経100度

（3）アメリカで行われている, 大型機械を使って広大な農地を
　　　少ない労働力で経営する農業の形を何というか。

（4）メキシコや西インド諸島などの国々からアメリカに移り住ん
　　　できた, スペイン語を話す人々のことを何というか。

/9 問

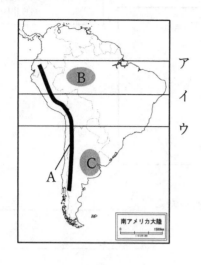

資料　農産物の生産量・鉱産資源の産出量

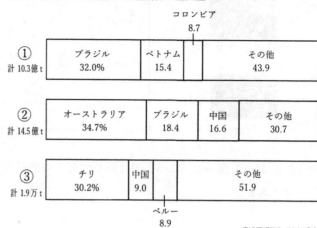

(FAOSTAT2018、ほかより作成)

（1）Ａの山脈名を答えなさい。

（2）南アメリカの多くの国では，スペイン語を公用語として
いるが，ブラジルの公用語は何語か。

（3）図中のうち赤道を表しているのはどの線か。
ア～ウから１つ選び，記号で答えなさい。

（4）Ｂに広がる熱帯雨林（熱帯林）と，Ｃでみられる温帯草原の
名称をそれぞれカタカナで答えなさい。

Ｂ

Ｃ

（5）ブラジルでは，さとうきびから砂糖のほかに燃料もつく
っている。この燃料を何というか。

（6）右上の資料①～③に当てはまる農産物や鉱産資源を【　】
の中からそれぞれ選びなさい。

【　銅鉱石，鉄鉱石，石炭，鉄，カカオ豆，コーヒー豆　】

①

②

③

14

国旗

オーストラリア

ニュージーランド

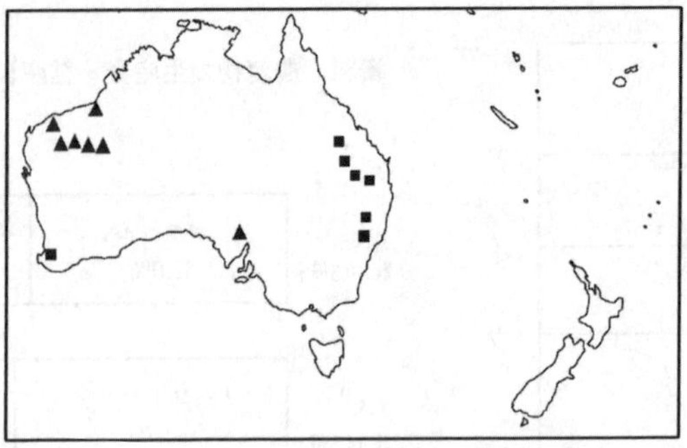

/10問

（1）左上の国旗から，この2国はかつてどこの植民地であったと
考えられるか。

（2）オーストラリアやニュージーランドで飼育が盛んな家畜は
どれか。次の【　】中から選びなさい。

【 ニワトリ , 羊 , 豚 】

（3）地図中の■，▲で示した地域では，オーストラリアの主な
輸出品である鉱産資源がとれる。それぞれ記号で答えなさい。

ア 金　　イ 鉄鉱石　　ウ 銅　　エ 石炭

■

▲

（4）①オーストラリアと②ニュージーランドの先住民をそれぞれ
何というか。

①

②

（5）オーストラリアの現在の貿易相手国1位はどこの国か。

（6）アジア太平洋地域の国と地域が活発な貿易を行うために参加
している，経済協力の枠組みを何というか。

（7）かつてのオーストラリアで行われていた，アジア系などの
ヨーロッパ系以外からの移民を制限した政策を何というか。

（8）現在，オーストラリアが築こうとしている，多様な人々が
共存し，それぞれの文化を尊重する社会を何というか。

15

/11問

（1）次の地図記号は何を示すか。

① 　　② 　　③

④ 　　⑤ 　　⑥

①
②
③
④
⑤
⑥

（2）2万5千分の1の地図上で10cmの場合，実際は何kmか。

（3）地形図にひかれている，海面からの高さが同じところを
　　結んだ線のことを何というか。

（4）下図のX－Yの断面図として，最も適当なものはどれか。

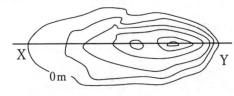

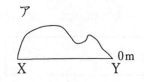  

（5）地形図を発行している機関を何というか。

（6）近年多くなってきている豪雨などの自然災害による被害の
　　軽減を目的に，避難場所や避難経路などの防災関係施設の
　　位置などを示した地図を何というか。

第17回テスト

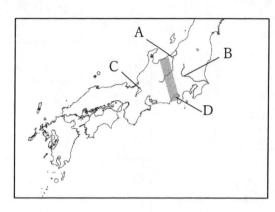

資料

/8問

(1) A は日本一長い河川を簡単に描いたものである。
　　この河川の名称を答えなさい。

(2) B は日本一流域面積が広い河川を簡単に描いたものである。
　　この河川の名称を答えなさい。

(3) 右上の資料を見て，外国の川と比べた日本の川の特徴を，
　　川の長さと傾斜に注目して簡単に書きなさい。

(4) C は滋賀県の約 6 分の 1 の面積を占める日本最大の湖で
　　ある。この湖の名称を答えなさい。

(5) 本州の中央部にあり，日本を東西に分ける溝状（みぞじょう）の地形で
　　ある D を何というか。

(6) 日本と外国が互いに所有権を主張している日本周辺の
　　①〜③の場所の名前をそれぞれ答えなさい。

　① 現在はロシア連邦が占領している，北海道の東に位置
　　する歯舞群島，色丹島，国後島，択捉島の総称。

　② 1952 年以降，韓国が不法に占領を続けている島根県の島。

　③ 1970 年代から中国などが領有を主張し，2012 年に日本
　　が国有化した沖縄県の島。

①

②

③

17

図

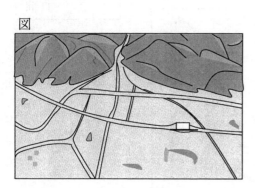

地図

/8問

（1）上図のような，川によって運ばれてきた土砂が山地から
　　平地へ流れ出たところにつくられる地形を何というか。

（2）（1）の地形ではどのような土地利用がみられるか。

　　ア　水が得やすいので，果樹園に利用されている。
　　イ　水が得やすいので，水田に利用されている。
　　ウ　水はけがよいので，果樹園に利用されている。
　　エ　水はけがよいので，水田に利用されている。

（3）上の地図のA～Dの日本を取り囲む海の名称をそれぞれ
　　答えなさい。

A	
B	
C	
D	

（4）日本列島近海に広がる水深約200mの浅くて平らな海底を
　　何というか。

（5）太平洋沖から伊豆諸島，小笠原諸島の東に沿って見られる，
　　深さ8000mを超える海底を何というか。

/11問

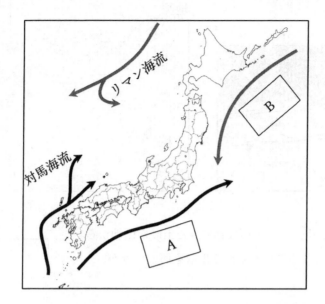

（1）Aの暖流(だんりゅう)，Bの寒流(かんりゅう)の名称をそれぞれ答えよ。

A

B

（2）領海(りょうかい)は海岸線から（　ア　）海里，排他的経済水域(かいり はいたてきけいざいすいいき)は海岸線から（　イ　）海里以内の範囲である。

ア

イ

（3）日本の標準時子午線は，兵庫県（　ア　）市を通る東経(とうけい)（　イ　）度の経線である。

ア

イ

（4）次の【　】の中から日本の最北端(さいほくたん)，最東端(さいとうたん)，最西端(さいせいたん)，最南端(さいなんたん)の島をそれぞれ選びなさい。

【択捉島(えとろふとう)，沖ノ鳥島(おきのとりしま)，南鳥島(みなみとりしま)，与那国島(よなぐにじま)】

最北端

最東端

最西端

最南端

（5）現在，日本の都道府県は全部でいくつあるか。

/6問

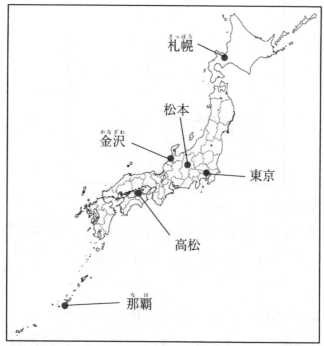

次の雨温図を示す場所を地図中の都市名から選びなさい。

（気象庁より）

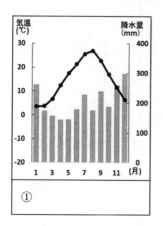

①

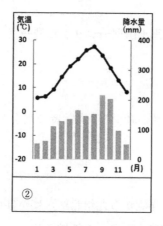

②

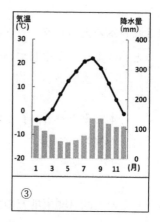

③

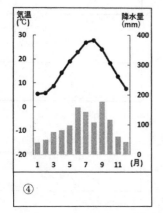

④

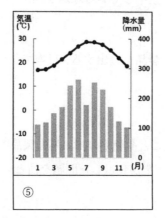

⑤

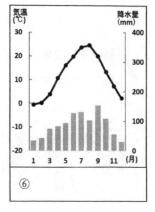

⑥

/7問

（1）現在，日本の人口はどのくらいか。

次の中から最も近いものを記号で選びなさい。

ア ９千万人　　イ １億２千万人　　ウ １億５千万人

（2）現在，日本の食料自給率が100％に近い農産物は次のどれか。

ア 小麦　　イ 肉類　　ウ 魚介類　　エ 米

（3）日本の人口ピラミッドは，富士山型→つりがね型→（　　　　）

というように変化している。

（4）日本でみられる，子どもの数が減少し，高齢者の割合が増える

ことを何というか。

（5）Aの範囲（関東地方の太平洋側から九州北部）にかけて，

帯状に工業地帯・工業地域が集中している地域を何というか。

（6）原料や燃料を輸入して工業製品を輸出する，日本で行われて

きた貿易の形式を何というか。

（7）日本企業が海外に進出したことや価格の安い外国製品の輸入

が増えたことにより，国内の産業が衰退した問題を何というか。

21

/8 問

（１）現在, 日本の発電量の７割以上を占める発電方法は何か。

（２）下図は各国の 2020 年の発電エネルギーの割合である。
①～③はどこの国か,【　】からそれぞれ選びなさい。

その他
7.8%

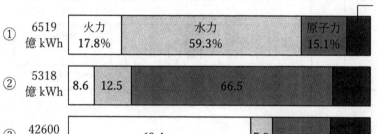

①	6519 億 kWh	火力 17.8%	水力 59.3%	原子力 15.1%	
②	5318 億 kWh	8.6	12.5	66.5	
③	42600 億 kWh	60.4		7.2	19.3

(IEA 資料より)

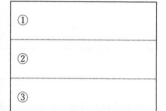

①
②
③

【 アメリカ , ドイツ , カナダ , フランス , イタリア 】

（３）日本は鉱産資源の多くを輸入に頼っている。鉄鉱石と石炭
に共通する輸入相手国第一位はどこの国か。

（４）太陽光や風力など, 自然の活動によって継続して利用できる
エネルギーを何というか。

（５）限りある資源と環境を, 未来に生きる人も利用できるように
することを目指す社会を何というか。

（６）次の中から第一次産業で働く人をすべて選びなさい。

ア コンビニの店員　　イ 漁師　　　ウ トマト農家
エ 建設業の社長　　　オ 銀行員　　カ 美容師

/7 問

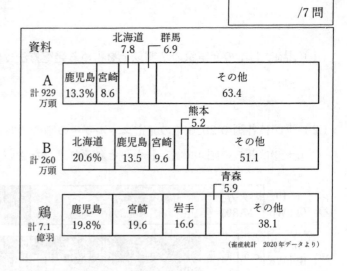

資料

	鹿児島 13.3%	宮崎 8.6	北海道 7.8	群馬 6.9	その他 63.4
A 計929万頭					

	北海道 20.6%	鹿児島 13.5	宮崎 9.6	熊本 5.2	その他 51.1
B 計260万頭					

	鹿児島 19.8%	宮崎 19.6	岩手 16.6	青森 5.9	その他 38.1
鶏 計7.1億羽					

(畜産統計　2020年データより)

（１）阿蘇山は，火口付近がかん没してできた（　　）と呼ばれる
世界最大級のくぼ地がある。

（２）Ｘにある，火山灰などが積もってできた台地を何というか。

（３）九州のような火山の多い地域でよく見られる，地下の熱水や
蒸気を使用した発電方法を何というか。

（４）Ｙの平野では，きゅうりやピーマンなどの出荷時期を早める
栽培方法がとられている。この栽培方法を何というか。

（５）右上の資料は九州地方で盛んに飼育されている畜産物の
都道府県別割合を表したものである。Ａ，Ｂに当てはまる
畜産物を，ア〜エから１つ選びなさい。

　　ア　肉用牛　　イ　馬　　ウ　羊　　エ　豚

A

B

（６）1901年に造られた，官営八幡製鉄所を中心として鉄鋼業
が発達した工業地帯を何というか。

23

/11問

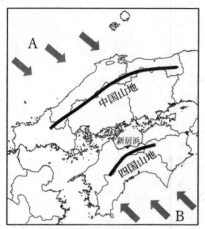

説明文

季節によって向きが変わる，左の地図中の
AやBの風を（　①　）といい，夏には，
②（A／B）の風が南四国に多くの雨を降
らせ，冬には③（A／B）の風が山陰に多
くの雨や雪を降らせる。瀬戸内は，①が山
地にさえぎられるため，一年を通して降水
量が④（多い／少ない）。

（1）説明文の①に適語を入れ，②～④は（　）内より適語を選べ。

①

②

③

④

（2）瀬戸内海は波の静かな海域が多いため，養殖漁業に適して
いる。広島県で養殖が盛んな魚介類は何か。

（3）①～③に当てはまる都道府県名を答えなさい。

①：世界遺産の石見銀山があり，県庁所在地は松江市

②：みかんの生産が盛んで，県庁所在地は松山市

③：瀬戸大橋によって岡山県と結ばれた，県庁所在地は高松市

①

②

③

（4）中国・四国地方の山間部や離島などでみられる，若者の流出
などにより人口が減少していく現象を何というか。

（5）本州と四国を結ぶ，3つのルートにかけられた橋の総称を
何というか。

（6）新居浜市などで見られる，石油精製工場を中心とした，関連
工場の集まりを何というか。

24

/9問

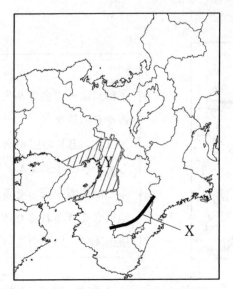

（1）Xは日本でも有数の多雨地帯である。この山地を何というか。

（2）Yは，大阪湾岸と淀川流域から大阪市の東側に広がる工業の集中している地域である。この工業地帯を何というか。

（3）和歌山県の生産量が日本一である果実を２つ書きなさい。

（4）①～③に当てはまる都道府県名を答えなさい。

　　①：世界遺産の姫路城があり，県庁所在地は神戸市
　　②：日本最大の湖があり，県庁所在地は大津市
　　③：真珠の養殖が盛んで，県庁所在地は津市

①

②

③

（5）大都市圏の中心部の住宅不足を解消するため，大阪府の千里や泉北などに建設された住宅団地や市街地を何というか。

（6）奈良や京都には，かつて都が置かれ，長い間日本の政治や文化の中心地であったため，何とよばれているか。

/9 問

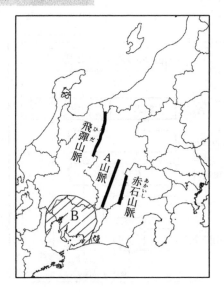

資料

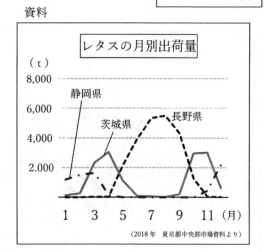

（2018年　東京都中央卸売市場資料より）

（1）日本アルプスの一つであるAの山脈は何という名前か。

（2）工業製品出荷額が日本1位であるBの工業地帯名を答えよ。

（3）右上の資料を見て，ほかの地域と比較した長野県のレタス
　　　の出荷の特色を書きなさい。

（4）新潟県と静岡県の生産が盛んである農産物を，下の【　】
　　　の中からそれぞれ1つずつ選びなさい。

　　　【　かぼちゃ，トマト，米，小麦，さとうきび，茶　】

新潟県

静岡県

（5）①～③に当てはまる都道府県名を答えなさい。

　　　①：伝統産業の輪島塗が有名で，県庁所在地は金沢市

　　　②：自動車工業が盛んで，県庁所在地は名古屋市

　　　③：ぶどうとももの生産量が日本1位で，県庁所在地は甲府市

①

②

③

（6）東海地方で盛んな，ビニールハウスや温室などの施設を
　　　使って花や野菜を生産する農業を何というか。

/7 問

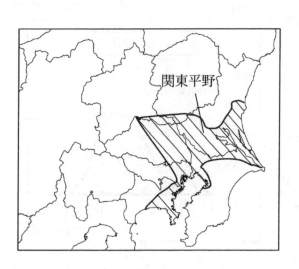

関東平野

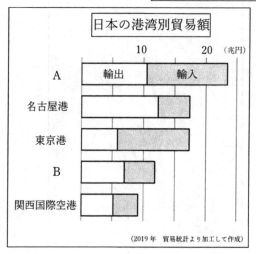

（1）斜線で示した関東平野は，火山灰が堆積した赤土におおわれている。この赤土を何というか。

（2）東京などの大都市でみられる，高層ビルなどの影響で都市部の気温が周辺地域よりも高くなる現象を何というか。

（3）関東地方の人口が全国に占める割合として適当なものを，1つ選びなさい。

　　　ア　約３分の１　　　イ　約５分の１　　　ウ　約７分の１

（4）東京23区において，都心部は昼間人口が夜間人口よりも多いのはなぜか。「通勤・通学」という言葉を用いて説明せよ。

（5）川崎市，千葉市などの人口50万人以上の市で，健康や福祉に関する事務を都道府県にかわって行っている都市を何というか。

（6）右上の資料のA，Bに当てはまるものを選びなさい。

　　　ア　東京国際空港　　　イ　成田国際空港　　　ウ　横浜港

A

B

27

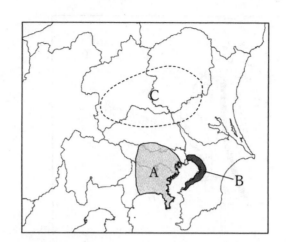

/9 問

（1）A～Cの工業地帯・工業地域の名前を答えなさい。

A：重化学工業・機械工業のほかに，東京に近いので印刷・出版業も盛んな工業地帯。

B：千葉の臨海部の埋立地に形成されている石油化学や鉄鋼を中心とする工業地域。

C：安い土地と豊富な労働力が得やすく，電気機械や自動車などの機械工業が盛んな工業地域。

A	B	C

（2）冬の関東地方にふく，乾燥した冷たい北西の季節風を何というか。

（3）大消費地の近くで，野菜や花などを生産・出荷する農業を何というか。

（4）群馬県でつくられているキャベツのように冷涼（れいりょう）な気候を利用して野菜の出荷をおくらせる栽培方法を何というか。

（5）①～③に当てはまる都道府県を答えなさい。

①：筑波（つくば）研究学園都市があり，県庁所在地は水戸市（みと）

②：世界遺産の富岡製糸場（とみおかせいしじょう）があり，県庁所在地は前橋市（まえばし）

③：いちごの生産量が日本一で，県庁所在地は宇都宮市（うつのみや）

①

②

③

/9問

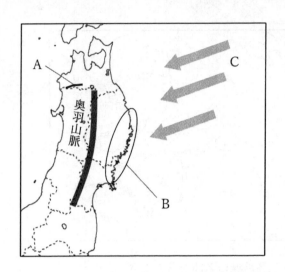

（１）Aの世界遺産に登録されている場所の名前を答えなさい。

A：人間の手が加わっていない広いぶなの原生林がある。

（２）Bの三陸海岸南部では，狭くて深い湾が複雑に入り組んだ
　　地形になっている。このような地形を何というか。

（３）三陸海岸沖のように暖流と寒流がぶつかり，良質な漁場と
　　なっている場所のことを何というか。

（４）宮城県や岩手県で養殖が盛んなものは次のどれか。
　　　【　うなぎ，まだい，まぐろ，わかめ　】

（５）東北地方の太平洋側で，冷害の原因になっている夏にふく
　　冷たく湿ったCの風を何というか。

（６）①～③に当てはまる都道府県を答えなさい。

　　①：東北地方で唯一の政令指定都市で，県庁所在地は仙台市
　　②：伝統工芸品の南部鉄器が有名で，県庁所在地は盛岡市
　　③：リンゴの生産量が日本一である都道府県

①

②

③

（７）山形県で生産量が特に多い果実は何か。

　　　【　いちご，もも，みかん，さくらんぼ，バナナ　】

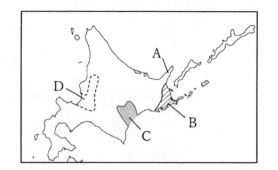

/10問

（1）Aの世界遺産に登録されている場所の名前を答えなさい。

　　　A：オホーツク海沿岸では冬に 流 氷 がみられる半島

（2）北海道の太平洋側の気温の上昇を妨げている，夏の季節風が寒流によって冷やされて発生する自然現象を何というか。

（3）北海道で見られる，電熱線や温水パイプを道路にうめこみ，その熱で道路の雪をとかす設備を何というか。

（4）B〜Dを何というか，それぞれ答えなさい。

　　　　B：夏のすずしい気候と広い土地を生かした，
　　　　　家畜の飼育などが行われている台地
　　　　C：日本最大の畑作地域である平野
　　　　D：北海道有数の米の産地となった平野

| B |
| C |
| D |

（5）BやCで盛んな，乳牛を飼育して，チーズやバターなどに加工する農業を何というか。

（6）次のうち，北海道が生産量1位でないものを1つ選び，記号で答えなさい。

　　　ア じゃがいも　イ てんさい　ウ 玉ねぎ　エ さつまいも

（7）人工的に育てた稚魚などを海や湖に放流し，自然の中で育て，大きくなったころに漁獲する漁業を何というか。

（8）北海道の先住民族を何というか。

歴 史

第1回テスト

/11問

文明	近くの川	文字	その他の特徴
エジプト文明	ナイル川	（ ① ）文字	太陽暦 ピラミッド
（ ② ）文明	チグリス川 ユーフラテス川	くさび形文字	太陰暦 ハンムラビ法典
インダス文明	（ ③ ）川	インダス文字	モヘンジョ・ダロ
中国文明	黄河	（ ④ ）文字	青銅器

パルテノン神殿

（1）上の表は四大文明についてまとめたものである。
　　①～④に当てはまる言葉を書きなさい。

①
②
③
④

（2）紀元前16世紀ごろ，黄河の流域でおこった中国最古の
　　王朝を何というか。

（3）春秋戦国時代に現れ，思いやりの心で行いを正せば，
　　国がよく治まると説いた思想家はだれか。

（4）（3）の思想家の教えを何というか。

（5）紀元前3世紀，中国を初めて統一した人物はだれか。

（6）漢の時代に開けた，西方への交易路を何というか。

（7）右上の写真の神殿を中心に造られ，成年男子市民が参加する
　　民主政が行われたギリシャの都市国家はどこか。

（8）紀元前5世紀ごろ，インドで仏教を開いた人物はだれか。

32

/9問

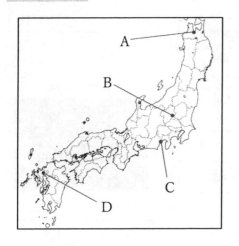

時代	遺跡	その他
旧石器	岩宿遺跡	打製石器
縄文	三内丸山遺跡	（ ① ） 縄文土器 土偶
弥生	（ ② ） 登呂遺跡	稲作 青銅器，鉄器 （ ③ ） 弥生土器

（1）旧石器時代の遺跡である岩宿遺跡は地図中のどこに位置
　　するか。A～Cの中から1つ選びなさい。

（2）縄文時代に造られた，地面を掘りくぼめた床に柱を立て，
　　その上に屋根をかけた住居を何というか。

（3）表の①～③を，下の説明を読んでそれぞれうめなさい。

　　①：海岸や水辺にある食べ物の残りかすを捨てたところ。

　　②：地図中のDに位置する遺跡。

　　③：収穫した米をたくわえるためにつくられた倉庫。

①

②

③

（4）1世紀半ば，奴国の王が中国から金印を授かったが，
　　このときの中国の名前は何か。

（5）邪馬台国をおさめていた女王の名は何というか。

（6）大阪府堺市にある世界最大級の古墳を何というか。

（7）古墳時代，古墳の上やまわりに置かれた
　　右図のようなものを何というか。

33

6世紀後半	中国で隋が南北朝を統一
6世紀末	①聖徳太子が推古天皇の摂政になる
607年	小野妹子が（ ア ）として派遣される
7世紀初め	隋がほろび，唐が中国を統一
645年	②大化の改新を始める
663年	③白村江の戦い

/9問

（1）5世紀ごろ，朝鮮から日本に移り住み，鉄製の農具や
漢字，仏教などを伝えた人たちを何とよぶか。

（2）年表の①が定めたA，Bそれぞれの名称を答えなさい。

A：家柄にとらわれず，才能や功績のある人物を
役人に取り立てるための制度

B：役人の心構えを示したもの

A

B

（3）①は，隋と対等の関係を築き，文化や制度も取り入れる
ために（ ア ）を派遣した。表中の（ ア ）を何というか。

（4）右上の写真は，①が建てた日本最古の木造建築物である。
この寺院の名前は何というか。

（5）（4）の寺院が建てられたころの，日本で最初の仏教の
文化を何というか。

（6）年表の②を始めた中心人物を2人書きなさい。

（7）年表の③のころ，朝鮮半島の三国のうち，倭国(日本)が
手を結んだ国はどれか。

【 新羅， 百済， 高句麗 】

34

/9問

	673年	①天武天皇が即位
701年	（　A　）がつくられる
710年	平城京が都に移される
743年	（　B　）

税	内容
租	口分田の収穫量の（ア）％の稲を納める
庸	労役の代わりの麻布を納める
（イ）	地方の特産物，絹，糸などを納める

（１）年表の①について，天智天皇の没後，天智天皇の子と弟の間で天皇の位をめぐって，672年におきた争いを何というか。

（２）戸籍に登録された６歳以上のすべての人に口分田があたえられ，死んだときに国に返す制度を何というか。

（３）年表のＡに入る，唐にならって定められたきまりを何というか。

（４）708年につくられた，下図のような貨幣を何というか。

（５）右上の表は，このころの税の種類をまとめたものである。ア，イの空欄をうめなさい。

ア

イ

（６）兵役についた男子のうち，九州北部の防衛のために送られた者を何というか。

（７）年表のＢは新しく開墾した土地を永久に自分のものにしてよいという決まりである。これを何というか。

（８）（７）の法律により貴族や寺院が所有するようになった私有地は，やがて何とよばれるようになったか。

写真2

写真1

（1）朝廷が唐の進んだ制度や文化を取り入れるために送った
　　使節を何というか。

（2）（1）が持ち帰った品や聖武天皇の遺品が納められていた，
　　写真1の東大寺の倉を何というか。

（3）8世紀中ごろ，聖武天皇が全国に国分寺・国分尼寺を，
　　都には東大寺を建てたのはなぜか。

（4）聖武天皇のころの仏教と唐の影響を受けた国際的な文化
　　を何というか。

（5）8世紀中ごろ，いくども航海に失敗し，盲目になりながらも日
　　本にきて，正しい仏教の教えを伝えた写真2の唐の僧はだれか。

（6）8世紀，日本の国家のおこりや天皇が国を治めるいわれなど
　　を神話や伝記などをもとにまとめた歴史書を2つ答えなさい。

（7）国ごとに地理や産物，伝説などを記した書物を何というか。

（8）奈良時代の末に，天皇や貴族，農民などの歌を収めた
　　歌集を何というか。

/9問

/12 問

794 年	①都を平安京に移す
797 年	坂上田村麻呂が征夷大将軍に任命される
9 世紀初め	最澄が比叡山に延暦寺を建て，（ A ）宗を開く
	空海が高野山に金剛峯寺を建て，（ B ）宗を開く
894 年	（ C ）が遣唐使の廃止を提訴
9 世紀後半～11 世紀	②藤原氏が政治の実権をにぎる
1086 年	白河上皇が（ ③ ）をはじめる
1167 年	（ ④ ）が太政大臣になる

（1）年表の①を行った人物はだれか。

（2）表中のA～Cの空欄に当てはまる語句を答えなさい。

A

B

C

（3）天皇が幼いときには摂政として，成人してからは関白として，
　　藤原氏が行った年表の②の政治を何というか。

（4）年表の③に入る，上皇が政治を行う体制を何というか。

（5）年表の④に入る，武士として初めて太政大臣になったのはだれか。

（6）（5）が中国と貿易を行っていたときの中国の王朝は何か。

（7）平安時代半ばの，唐風の文化をふまえながらも生み出した，
　　日本人の感情にあった文化を何というか。

（8）9世紀にできた仮名文字を使って書かれた，Ⅰ～Ⅲの
　　文学作品名を答えなさい。

Ⅰ

Ⅱ

Ⅲ

　　Ⅰ　紀貫之などがまとめた和歌集
　　Ⅱ　清少納言が書いた随筆
　　Ⅲ　紫式部が書いた長編小説

	/10 問

1192 年 ①源頼朝が征夷大将軍に任命される

1232 年 北条泰時が（ A ）を制定した

1274 年 文永の役 ┐
1281 年 弘安の役 ┘ ②元寇

1297 年 永仁の徳政令を出す

1333 年 ③鎌倉幕府が滅びる

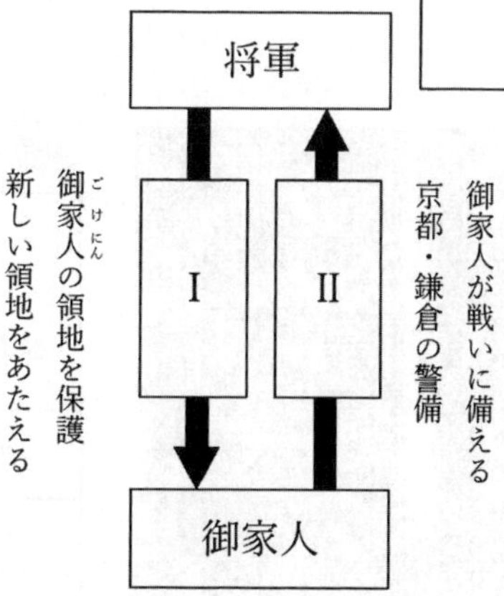

将軍

I　II

御家人

御家人の領地を保護
新しい領地をあたえる

御家人が戦いに備える
京都・鎌倉の警備

（1）年表の①の人物が鎌倉時代に置いたア，イの役職を何と
　　いうか。

　　　ア　国ごとにおいた，軍事や警察の仕事を行う役職

　　　イ　荘園や公領ごとにおいた，年貢の取り立てを行う役職

ア
イ

（2）右上の図は，この時代の将軍とそれに従う御家人の関係を
　　図にしたものである。Ⅰ，Ⅱに適語を入れなさい。

Ⅰ
Ⅱ

（3）源頼朝の死後，北条氏が独占したことで政治の実権を
　　にぎった役職を何というか。

（4）1221 年，政治の実権を朝廷に取り戻そうとした後鳥羽上皇
　　が兵をあげ，鎌倉幕府の大軍に敗れたできごとを何というか。

（5）（4）に勝利した鎌倉幕府が，朝廷を監視するために京都に
　　おいた役所は何か。

（6）年表のＡに入る，公平な裁判の基準などを示すため，武士の
　　社会の習慣をもとにつくられた法を何というか。

（7）年表の②のときの元の皇帝はだれか。

（8）年表の③について，政治の実権を朝廷に取り戻すために，
　　兵をあげた天皇はだれか。

38

/11 問

開祖	宗派		内容
（ ① ）	浄土宗		一心に「南無阿弥陀仏」と念仏を唱えれば誰でも極楽浄土に行ける
親鸞	（ ② ）宗		自分の罪を自覚した悪人ほど救われる
一遍	時宗		踊念仏や念仏の札による布教
日蓮	（ ③ ）宗		法華経の題目（南無妙法蓮華経）を唱えれば，人も国家も救われる
（ ④ ）	臨済宗	禅宗	座禅を組むことで自分の力でさとりを開く
道元	曹洞宗		

（1）次のア～ウの文学作品名を答えなさい。

　　ア　後鳥羽上皇の命令で藤原定家らが編集した和歌集
　　イ　琵琶法師がひろめた「祇園精舎の鐘の声」で始まる軍記物
　　ウ　兼好法師が書いた随筆集

ア	
イ	
ウ	

（2）左上の写真の像の名前は何というか。
　　また，この像を中心となって作ったのはだれか。

像	
作者	

（3）右上の表の空欄をうめなさい。

①	
②	
③	
④	

（4）鎌倉時代に新しい仏教が民衆に広く伝わった理由はどれか。

　　ア　おもしろおかしかったから。
　　イ　わかりやすく，実行しやすかったから。
　　ウ　幕府が強制的に信仰させたから。

（5）鎌倉時代に寺社の門前や交通の便利なところで月に
　　3回ほど開かれていた市場を何というか。

39

/7 問

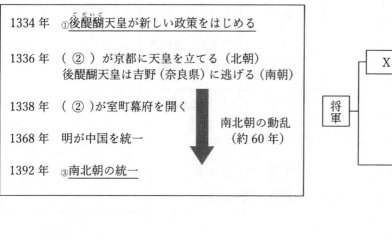

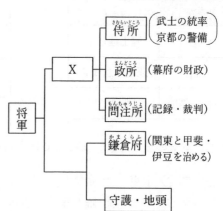

（1）年表の①は2年ほどでくずれた，公家（朝廷に仕える貴族）を重視する天皇中心の政治であるが，これを何というか。

（2）年表の②は1338年に征夷大将軍に任命され，室町幕府を開いた。②に共通して入る人物はだれか。

（3）右上の図のXに入る，室町幕府において将軍の補佐役としておかれた役職を何というか。

（4）動乱中の約60年間（南北朝時代）に自分の領地を拡大していた守護は，（　　　）と呼ばれるようになった。

（5）年表の③の南朝と北朝を統一した第3代将軍はだれか。

（6）（5）が明との貿易の際，倭寇と正式な船を区別するために使った合い札（証明書）を何というか。

（7）15世紀，尚氏が沖縄諸島を統一し，建てた国を何というか。

表1　室町時代の商業

商業	内容
（①）	陸上運送業
問（とい）	運送・倉庫業
土倉（どそう）・酒屋（さかや）	（②）

表2

建物・芸術・芸能	人物
金閣	（ A ）
能	観阿弥（かんあみ）・世阿弥（ぜあみ）
水墨画	（ B ）
銀閣	足利義政（あしかがよしまさ）

/7問

（1）左上の表1の①，②に当てはまる組み合わせはどれか。

　　ア ① 水車　② 金貸し　　　イ ① 馬借（ばしゃく）　② 踊り子
　　ウ ① 水車　② 踊り子　　　エ ① 馬借　② 金貸し

（2）鎌倉時代に伝わり，室町時代に広まった，同じ土地で米と麦を交互につくる農業を何というか。

（3）室町時代，有力な農民を中心に村ごとにつくられた自治的な組織を何というか。

（4）室町時代，馬借たちが滋賀県で正長（しょうちょう）の土一揆を起こしたが，この土一揆の目的は何か。「借金」を用いて簡潔に書きなさい。

（5）右上の表のA，Bに当てはまる組み合わせはどれか。

　　ア A 足利尊氏　B 千利休（せんのりきゅう）　　イ A 足利義満　B 雪舟（せっしゅう）
　　ウ A 足利尊氏　B 雪舟　　　　　　　　　　　エ A 足利義満　B 千利休

（6）銀閣と同じ敷地にある東求堂同仁斎（とうぐどうどうじんさい）にあり，右図のように寺院の部屋の様式を住居にとりいれた，現在の和風建築のもとになっている建築様式を何というか。

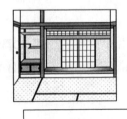

（7）足利義政のころの文化を何というか。

/6問

1467 年	①11 年続く戦乱がはじまった
1485 年	山城国一揆が起こる
1488 年	加賀の一向一揆が起こる
1543 年	②ポルトガル人が日本に鉄砲を伝える
1549 年	フランシスコ・ザビエルにより 日本にキリスト教が伝わる
1573 年	室町幕府滅亡

（1）足利義政のあとつぎ問題をめぐって山名氏と細川氏が対立
　　 したことから始まった，年表の①の戦いを何というか。

（2）（1）以後にできた，実力のあるものが，力をのばして
　　 上の身分の者に打ち勝つ風潮を何というか。

（3）このころ，守護大名が成長するなどして（ ア ）大名が登場
　　 した。また，（1）以降の約百年間を（ ア ）時代という。

ア

（4）このころ，自分の領地を治めるために独自の法律をつくり
　　 支配する大名がいた。この独自の法を何というか。

（5）年表の②について，鉄砲が日本に初めて伝わった場所は
　　 どこか。右上の地図中のア〜エから選びなさい。

（6）16 世紀半ば以降，ポルトガル人やスペイン人と日本は
　　 生糸などを輸入し銀を輸出した。この貿易を何というか。

A

モナ・リザ

B

ダビデ

1096 年	第1回（ ① ）が派遣される
1492 年	コロンブスが西インド諸島を発見
1498 年	（ ア ）がインドに到達
1517 年	②ルターが免罪符販売を批判
1522 年	（ イ ）の船隊が世界一周を達成

（1）年表の①の，イスラム勢力から聖地エルサレムを取りもどす
　　ために結成された組織を何というか。

（2）ヨーロッパでAやBの作品がつくられた，14 世紀から 16 世
　　紀にかけての文化の動きを何というか。

（3）年表の②について，ルターやカルバンなどがカトリック教会
　　を批判してはじめた改革を何というか。

（4）（3）に対してカトリック教会の勢力回復のために，フラ
　　ンシスコ・ザビエルらがつくった組織を何というか。

（5）キリスト教の信者になった戦国大名のことを何というか。

（6）右上の年表のア，イに当てはまる人物をそれぞれ答えよ。

ア
イ

/7 問

1560 年	桶狭間の戦いで今川義元に勝利
1573 年	室町幕府を滅ぼす
1575 年	鉄砲を有効に使い長篠の戦いに勝利
1576 年	安土城を築く
1582 年	本能寺で自害

表

（　①　）	ものさしやますを統一し，予想される収穫量を石高で表した。
②刀狩	一揆を防ぐために農民や寺社から武器を取り上げた。
バテレン追放令	キリスト教宣教師の国外への追放を命令した。
朝鮮出兵	明の征服を目指し，二度も朝鮮へ兵を派遣するも失敗。

（１）左上の年表の経歴を持つ人物はだれか。

（２）（１）が始めた，だれでも自由に商売ができるようにし，
座や各地の関所を廃止した政策を何というか。

（３）右上の表のことがらに最も関係が深い人物はだれか。

（４）表の①に入る，全国の田畑の面積や土地のよしあしなど
を調べた政策を何というか。

（５）右上の表の①，②により，武士と農民の身分がはっきり
分かれたことを何というか。

（６）このころ栄えた文化を桃山文化というが，この文化の特色
として正しいものを選びなさい。

　　　ア　豪華で壮大である。
　　　イ　素朴で弱々しい。
　　　ウ　仏教の影響を強く受けている。

（７）このころ活躍した，わび茶の作法を完成させた人物はだれか。

/6問

```
1600年  関ヶ原の戦い

1603年  （  A  ）が江戸幕府を開く

1615年  （  B  ）を定める
        禁中 並 公家諸法度を定める

1635年  ①参勤交代を制度化する
```

（1）年表のAに入る，征夷大将軍に任命され，江戸幕府を
　　　開いた人物はだれか。

（2）関ヶ原の戦い以後に徳川氏に従い，江戸から遠いところ
　　　に領地を配置されることが多かった大名は，次のどれか。

　　　【 譜代大名，外様大名，親藩 】

（3）年表のBに入る，無断での城の修復や大名同士の結婚など
　　　を禁止した，大名を統制するための法律を何というか。

（4）年表の①を実施したことによって大名の経済力は弱まった
　　　が，その理由として正しいものを選びなさい。

　　　ア　往復の費用や江戸での生活のために多くの出費を
　　　　　しいられたから。
　　　イ　領地に残された家族が裕福な暮らしをしたから。
　　　ウ　物価が高くなり，必然的に出費がかさんだから。

（5）年表中の①を制度化させた第3代将軍はだれか。

（6）年貢の納 入や犯罪の防止について，百姓に連帯責任を
　　　負わせるために作られた仕組みを何というか。

45

/8問

1604 年	①徳川家康が渡航許可書を出して海外貿易を奨励
1612 年	徳川家康が幕領にキリスト教禁止令(禁教令)を出す
1635 年	日本人の海外渡航・帰国を禁止する
1637 年	②九州でキリスト教徒による一揆が起こる
1639 年	ポルトガル船の来航を禁止
1641 年	③鎖国の完成

図

（1）年表の①について，この許可状をもらった船が東南アジア
　　各地と行った貿易を何というか。

（2）幕府がキリストやマリア像がえがかれた踏絵をふませて，
　　キリスト教信者を見つけようとしたことを何というか。

（3）重税とキリスト教徒への厳しい弾圧に苦しんだ農民が，天草
　　四郎を大将にして起こした年表中の②の一揆を何というか。

（4）1641 年，平戸にあったオランダ商館が移された，右上図の
　　長崎の人工島を何というか。

（5）年表の③の後でも日本との貿易を許された国をすべて選べ。

　　【　イギリス，　ポルトガル，　清，　オランダ　】

（6）江戸時代に広まった農具として正しいものをすべて選べ。

　　【　千歯こき，　石包丁，　水車，　備中ぐわ　】

（7）江戸幕府の成立後，日本と朝鮮の国交が回復し，将軍の代
　　がわりごとに朝鮮から日本に派遣された使節を何というか。

（8）江戸時代に江戸を中心に整えられ，幕府が直接支配した，
　　東海道などの5つの街道をあわせて何というか。

46

/6問

写真①

写真②

見返り美人図

（1）生類憐みの令を出した写真①の第5代将軍はだれか。

（2）（1）の時代，京都や大阪を中心とする上方で栄えた，経済力を持った町人をにない手とする新しい文化を何というか。

（3）「奥の細道」などを執筆し，俳諧を大成した人物はだれか。

（4）人形浄瑠璃の台本に名作を残した人物はだれか。

（5）菱川師宣による写真②のような，町人の風俗を描いた絵を何というか。

（6）各藩が，年貢米や特産物の取り引きを行うために大阪に置いた倉庫を備えた屋敷を何というか。

/5問

1716 年	①徳川吉宗が享保の改革をはじめる
1772 年	（　A　）が老中になる
1782 年	天明のききんが起こる
1787 年	松平定信が②寛政の改革を始める
1792 年	ロシアからラクスマンが根室に来る
1804 年	ロシアからレザノフが長崎に来る

（1）年表の①の人物が行ったこととして適切でないものを1つ選びなさい。

ア 庶民の意見をきくために目安箱を設置した。
イ 公事方御定書という裁判の基準となる法律を制定。
ウ 金銀の海外への流出を防ぐため，貨幣の質を上げた。
エ 参勤交代を軽減する代わりに幕府に米を納めさせた。

（2）18世紀ごろから始まった，問屋が農民に機械やお金を前貸しして
製品をつくらせ，それを安く買い取る生産方法を何というか。

（3）年表のAに入る，商工業者の力を利用して幕府の財政立て
直しをはかった人物はだれか。

（4）（3）が奨励した，商工業者の同業者組合を何というか。

（5）年表の②の内容として正しいものを1つ選びなさい。

ア 昌平坂学問所を創り，朱子学以外を教える事を禁止した。
イ キリスト教徒を見つけるために絵踏をさせた。
ウ 株仲間を奨励し，特権を与える代わりに営業税を取った。

48

/6問

```
1808年　フェートン号事件

1825年　（　A　）を出す

1837年　（　B　）が反乱を起こす

1839年　蛮社の獄

1841年　老中の（　C　）が①天保の改革をはじめる

1842年　（　A　）をやめる
```

（1）年表のAに入る，日本に近づく外国船を見つけ次第追い
　　払えという命令を何というか。

（2）19世紀ごろから始まった，大商人などが工場を建て，人を
　　雇って，製品を分業で大量生産する生産方法を何というか。

（3）年表のBに入る，ききんで苦しむ人々を救うために乱を起こ
　　した元大阪の役人はだれか。

（4）年表のCに入る人物はだれか。

（5）年表の①について適切なものを1つ選びなさい。

　　　ア　日本を開国し，安価な綿織物を多く輸入した。
　　　イ　物価を下げるため，株仲間の解散を命じた。
　　　ウ　ききんに備え，倉を設けて米を蓄えさせた。

（6）1842年に年表のAをやめ，外国船には水や燃料をあたえる
　　ようになった。年表のAをやめた理由は何か。

49

風景画

富嶽三十六景

人物	作品
十返舎一九	（ A ）
曲亭(滝沢)馬琴	南総里見八犬伝
与謝蕪村	俳句
小林一茶	
喜多川歌麿	美人画

（1）本居宣長が大成した，日本の古典を研究する学問を何というか。

（2）「解体新書」を出版し，蘭学の基礎を築いた人物はだれか。

（3）江戸時代に全国の海岸線を測量し，正確な日本地図を
　　作った人物はだれか。

（4）江戸時代後期の19世紀初め，庶民をにない手とする
　　文化が広まったが，この文化を何というか。

（5）左上の風景画を描いた人物はだれか。

（6）Aに入る作品名は何か。【　】の中から1つ選びなさい。

　　【　東海道中膝栗毛，　人形浄瑠璃，　学問のすゝめ　】

（7）江戸時代，こどもに読み・書き・そろばんなどの実用的
　　な知識を教えた教育機関を何というか。

第20回テスト

17世紀半ば	①ピューリタン革命
1688〜1689年	（ ② ）
1689年	権利章典が出される
1775年	③アメリカ独立戦争
1776年	アメリカ独立宣言を発表
1789年	④フランス革命

/9問

写真A　　写真B　　写真C

（1）年表の①を指導した中心人物の名前を答えよ。

（2）年表の②は，イギリスで起こった，国王を処刑することなく
　　　成功した革命である。この無血の革命を何というか。

（3）年表の③によって北アメリカの植民地はどこの国からの
　　　独立を求めたか。

（4）年表の③の後にアメリカ合衆国の初代大統領となった
　　　人物はだれか。

（5）17〜18世紀に活躍した写真A〜Cの啓蒙思想家はだれか。

　　A：「社会契約説」と「抵抗権」を唱え，アメリカ独立戦争
　　　　にも影響を与えたイギリスの思想家。
　　B：「法の精神」で三権分立を唱えたフランスの思想家。
　　C：「社会契約説」と「人民主権」を主張したフランスの
　　　　思想家。

A

B

C

（6）年表の④の革命で発表された自由，平等，国民主権，私有
　　　財産不可侵などを唱えた宣言を何というか。

（7）フランス革命後の不安定な情勢の中で権力をにぎり，
　　　ヨーロッパの大部分を征服した軍人はだれか。

51

/ 8問

1840年 （ ① ）が起こる
1842年 （ ② ）を結ぶ
1851年 中国で（ ③ ）が起こる
1857年 （ ④ ）
1861年 アメリカで⑤南北戦争が起こる

図

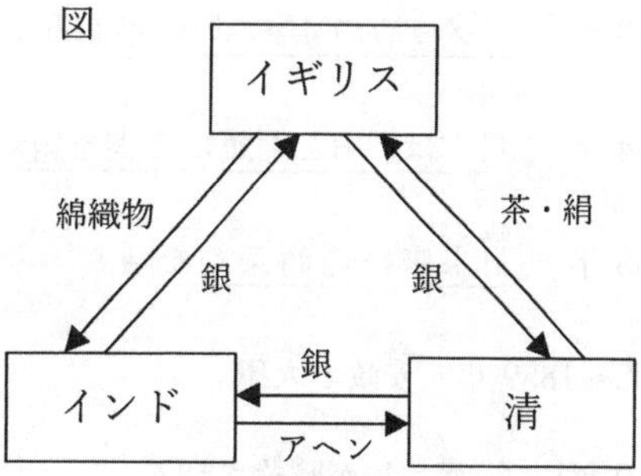

イギリス

綿織物　銀　　　銀　茶・絹

インド　←銀←　清
　　　アヘン→

（1）18世紀後半のイギリスで蒸気機関が改良されたことから
　　始まり，技術の向上により産業や社会が大きく変化した
　　ことを何というか。

（2）右上の図のような19世紀のイギリス，インド，中国（清_{しん}）
　　の間の貿易を何というか。

（3）（2）の貿易により入ってくるアヘンを清が厳しく取り締まっ
　　たことで，イギリスと清の間で起こった年表①の戦争は何か。

（4）年表の①で清がイギリスに敗れ，1842年に結ばれた②の
　　不平等条約を何というか。

（5）②の後，清が賠償金をまかなうために重税を課したこと
　　などが理由で起きた，洪秀全を中心とした年表の③に入る
　　反乱を何というか。

（6）インドでイギリスの植民地支配に反対して起こった，
　　年表の④に入る反乱を何というか。

（7）年表の⑤の戦争で勝利したのは，北部と南部どちらか。

（8）⑤の戦争のさなかに奴隷解放宣言を出した大統領はだれか。

52

/7問

```
1853 年   ①アメリカの 4 隻の黒船が浦賀に来航

1854 年   ②日本は下田と函館の 2 港を開く

1858 年   ③日米修好通商条約を結ぶ

1858～1859 年   安政の大獄

1860 年   （　X　）が暗殺される
```

写真 A

（1）年表の①を率いて開国を求めて日本に来た，アメリカの
　　東インド艦隊総司令長官（写真 A）はだれか。

（2）年表の②などを認め，日本が鎖国をやめる原因となった
　　条約を何というか。

（3）年表の③の条約は日本にとって不平等な内容が含まれて
　　いたが，その不平等な内容とは何か。下のア，イをうめよ。

```
函館, 横浜, 長崎, 新潟, 神戸の 5 港を開港し,
アメリカに（　ア　）を認め, 日本に（　イ　）がない。
```

ア
イ

（4）反対意見をおさえ，朝廷の許可を得ないまま年表の③の
　　条約を結んだ大老の名前（年表の X）は何というか。

（5）年表の③を幕府が無許可で締結したことで広まった，天皇
　　を尊び，外国の勢力を排除しようとする運動を何というか。

（6）1860 年に年表の X の人物が暗殺された事件を何というか。

第２３回テスト

/6問

1866年	（　①　）
1867年	「ええじゃないか」と熱狂するさわぎが流行
1867年	（　②　）
1868年	③鳥羽・伏見の戦い

写真A

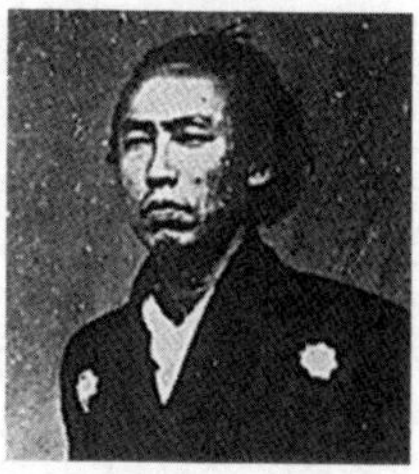

（1）年表の①に入る，幕府を倒すことを目的として薩摩藩（さつまはん）と長州藩（ちょうしゅうはん）が結んだ同盟を何というか。

（2）（1）の同盟の仲立ちをした土佐藩出身の写真Aの人物はだれか。

（3）年表の②に入る，幕府が朝廷に政権を返すことを申し出たことを何というか。

（4）年表の②を行い，政権を朝廷に返した第15代将軍はだれか。

（5）年表の②の後に出された，天皇中心の政治にもどすという宣言を何というか。

（6）（5）に不満を持つ旧幕府軍と新政府軍の間で起こった年表の③にはじまり，翌年5月まで続いた戦いを何というか。

/8問

1868年	①新しい政治方針の決定
1869年	（ Ａ ）が行われる
1871年	（ Ｂ ）が行われる
1872年	②学制が公布される
1873年	（ Ｃ ）が出される
	③地租改正が行われる

（１）明治天皇が神にちかう形で出された年表の①を何というか。

（２）江戸時代の幕藩体制の国家から近代国家へと移る際の
新政府が進めた政治, 経済, 社会の改革を何というか。

（３）年表の A, B に入る適切な語句は何か。

A：大名の持っていた土地と人民を政府に返させた
B：藩を廃止して府・県を置き, 中央から役人を派遣した

A
B

（４）年表の②の対象となったのは, 次のうちどれか。

ア 満10歳以上の男子　　イ 満6歳以上の男子
ウ 満10歳以上の男女　　エ 満6歳以上の男女

（５）年表の C に入る, 20歳以上の男子に兵役を義務づけた
法令を何というか。

（６）年表の③の説明として正しくなるように, アには数字を,
イは【 】から適切なものを選びなさい。

税制改革当初の税率は, 地価の（ ア ）％を
イ【米／現金】で納めさせた。

ア
イ

55

/8問

1871 年　（　Ａ　）を欧米に派遣 　　　　日清修好条規を結ぶ	

1872 年　群馬県に富岡製糸場ができる

1875 年　①樺太・千島交換条約を結ぶ

1875 年　江華島事件

1876 年　②朝鮮と条約を結び，開国させる

写真Ａ　　　　　写真Ｂ

（１）新政府が欧米列強に対抗するために，経済を発展させ，
　　　軍隊を強くすることを目指した政策を何というか。

（２）近代化を目指す政策によって，欧米の文化がさかんに取り
　　　入れられ，伝統的な生活が変化したことを何というか。

（３）欧米を視察すること，不平等条約の改正のきっかけをつかむこと
　　　を目的に海外へ出発した，写真Ａ(年表Ａ)の使節団を何というか。

（４）人間の平等主義を分かりやすい表現で説いた「学問の
　　　すゝめ」を書いた人物（写真Ｂ）はだれか。

（５）日本と年表の①の条約を結んだのはどこの国か。

（６）このころ，北海道を開拓しながら兵士の役割を果たすため
　　　に配置された兵を何というか。

（７）（３）が派遣されたころ，政府内で高まった朝鮮を武力で
　　　開国させようとする考えを何というか。

（８）年表の②の条約は，日本のみが領事裁判権を持つなど，朝鮮
　　　にとって不平等な条約だった。この条約を何というか。

/7問

1874 年	①民撰議院設立の建白書を提出
1877 年	②西南戦争が起こる
1885 年	（　③　）が初代総理大臣に就任
1889 年	④大日本帝国憲法が発布
1890 年	教育勅語が出される

写真A

写真B

（1）年表の①を政府に提出し, 自由党の党首にもなった
　　　写真Aの人物はだれか。

（2）年表の①より始まった, 国会開設を求める運動を何というか。

（3）年表の②の中心人物であった写真Bの人物はだれか。

（4）年表の③に入る, 初代内閣総理大臣の名前を答えなさい。

（5）年表の④はどこの国の憲法を手本にしてつくられたか。
　　　【　】の中から1つ選びなさい。

　　　【　アメリカ，　ドイツ，　イギリス，　中国　】

（6）年表の④の一部である下文の（　）に共通して入る言葉を書きなさい。

　　　第1条　大日本帝国ハ万世一系ノ（　　　）之ヲ統治ス
　　　第3条　（　　　）ハ神聖ニシテ侵スベカラズ

（7）次の文中のa, bに入る正しい組み合わせはどれか。

　　　帝国議会は貴族院と衆議院の二院で成り立っており, 衆議院
　　　議員の選挙権があたえられたのは, 直接国税を15円以上納める
　　　満（ a ）歳以上の（ b ）に限られていた。

　　　　　ア a：20　b：男子　　　イ a：25　b：男女
　　　　　ウ a：20　b：男女　　　エ a：25　b：男子

第27回テスト

| | /7問 |

1886年	ノルマントン号事件
1894年	①領事裁判権の撤廃に成功
	朝鮮で甲午農民戦争が起こる
	②日清戦争が起こる
1900年	清で義和団事件が起こる
1902年	日英同盟を結ぶ
1904年	③日露戦争が起こる
1911年	④関税自主権の完全な回復に成功

図1

図2

（1）年表の①と④を成功させた人物の正しい組み合わせを選べ。

ア ①陸奥宗光　④小村寿太郎　　イ ①井上馨　④大隈重信

ウ ①小村寿太郎　④大隈重信　　エ ①陸奥宗光　④井上馨

（2）図1は，年表の②の前の国際情勢を風刺したものである。

次の文章のX, Yにあてはまる国名を答えなさい。

> 日本と清が図1の（　X　）をめぐって対立し，（　Y　）
> が（　X　）を横取りしようとうかがっている。

X

Y

（3）年表の②で勝利した日本は，清から図2の遼東半島や台湾
や多額の賠償金を受けとった。この講和条約を何というか。

（4）（3）締結直後，遼東半島を清に返すようロシア,ドイツ,
フランスが日本に勧告してきたが，これを何というか。

（5）③の後,ロシアと日本が結んだ講和条約を何というか。

（6）（5）締結後，日本国内では日比谷焼き打ち事件などの
暴動がおこった。その理由として正しいものを選べ。

ア アメリカが条約の仲介に入ったから。

イ ロシアから賠償金を得られなかったから。

ウ 樺太はもともと日本のものだったから。

/7問

人物	作品・キーワードなど
黒田清輝 （くろだせいき）	フランス留学，「湖畔（こはん）」などの明るい画風
滝廉太郎 （たきれんたろう）	「荒城（こうじょう）の月」「花」などを作曲
（　ア　）	「坊（ぼっ）ちゃん」「吾輩（わがはい）は猫である」
森鷗外 （もりおうがい）	「舞姫（まいひめ）」
樋口一葉 （ひぐちいちよう）	「たけくらべ」「にごりえ」
野口英世 （のぐちひでよ）	黄熱病（おうねつびょう）の研究

写真A　　　　　写真B

（1）日清戦争の賠償金をもとに福岡県に建設された官営の製鉄所を何というか。

（2）日露戦争に反対し，「君死にたまふ（う）ことなかれ」という詩を発表した写真Aの人物はだれか。

（3）上の表のアに当てはまる「坊ちゃん」，「吾輩は猫である」などの作者はだれか。

（4）1910年，日本は韓国を植民地にしたが，このことを何というか。

（5）1911年，中国では三民主義を唱え，清をたおして民族の独立と近代国家建設をめざす革命運動が起きた。この革命の中心人物（写真B）はだれか。

（6）（5）について，清が滅亡した革命を何というか。また，写真Bの人物を臨時大統領として建国された国名を何というか。

革命

国名

1914 年	①第一次世界大戦が始まる
1917 年	第一次世界大戦にアメリカが参戦 ②ロシア革命が起こる
1918 年	第一次世界大戦終結
1919 年	ドイツでワイマール憲法が定められる
1920 年	③国際連盟が設立される
1921 年	アメリカでワシントン会議が開かれる
1922 年	ソビエト社会主義共和国連邦が成立

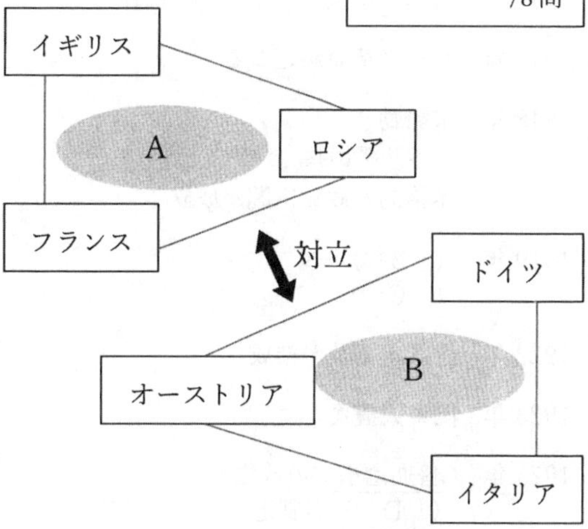

イギリス

A

ロシア

フランス

対立

ドイツ

オーストリア

B

イタリア

（１）右上の図中 A, B の３か国による軍事的な結びつきを
　　　それぞれ何というか。

A

B

（２）年表の①に日本が連合国側として参戦する理由になった，
　　　1902 年に結ばれ，1921 年に解消された同盟は何か。

（３）第一次世界大戦中に年表の②が起きたが，この指導者はだれか。

（４）年表の②による社会主義の影響が拡大することをおそれて，
　　　アメリカや日本などが軍隊を派遣したことを何というか。

（５）1919 年，年表の①後のパリ講和会議で結ばれた条約は何か。

（６）アメリカのウィルソン大統領が提案した，それぞれの民族の
　　　ことは自分たちで決めるべきだという原則を何というか。

の原則

（７）③について，誤っているものを１つ選びなさい。

　　　ア　本部はスイスのジュネーブに置かれた。

　　　イ　日本は常任理事国ではなかった。

　　　ウ　アメリカは国際連盟に加入しなかった。

/7問

1915年　日本が中国に（　A　）を出す

1917年　ロシア革命が起こる

1918年　米騒動
　　　　シベリア出兵
　　　　本格的な政党内閣が成立

1919年　（　B　）
　　　　（　C　）

1922年　全国水平社が結成

1923年　関東大震災

1925年　①普通選挙法の成立
　　　　（　D　）が制定
　　　　ラジオ放送の開始

表

人物	作品など
（　E　）	「羅生門」「蜘蛛の糸」「鼻」
小林多喜二	「蟹工船」プロレタリア文学
志賀直哉	白樺派

（1）年表のAに入る，第一次世界大戦中に日本が中国に出した，
　　　山東省の利権を日本にゆずるなどの要求を何というか。

（2）年表のBに入る，朝鮮で起こった日本から独立を求める
　　　運動を何というか。

（3）年表のCに入る，パリ講和会議の内容に抗議した北京の学生
　　　から広がった，反日・反帝国主義をかかげる運動を何というか。

（4）インドで非暴力・不服従を唱え，イギリスに対して完全な
　　　自治を求める運動を起こした人物はだれか。

（5）年表の①によって選挙権が認められたのは，次のどれか。

　　　　ア　満20歳以上の男子　　　イ　満25歳以上の男子
　　　　ウ　満20歳以上の男女　　　エ　満25歳以上の男女

（6）年表のDに入る，普通選挙法と同年に制定され，共産主義を
　　　取りしまるのに使われた法律を何というか。

（7）表のEに入る，知的な短編小説で人々に新鮮な印象を
　　　与えた人物はだれか。

61

1928 年	ソ連で①五か年計画が始まる
1929 年	②世界恐慌が起こる
1931 年	（　Ａ　）
1932 年	犬養毅が暗殺される
1933 年	（　Ｂ　）
1936 年	二・二六事件

満州国

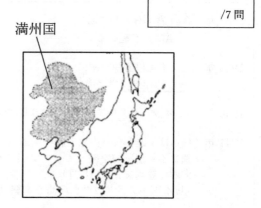

/7 問

（１）ソ連は年表の①を推進していたので世界恐慌の影響を受け
　　　ることなく成長したが，このときの指導者はだれか。

（２）年表の②の対策としてアメリカのローズベルト大統領が
　　　行った，公共事業を増やすなどの経済政策を何というか。

（３）年表の②の対策としてイギリスとフランスが行った，本国
　　　と植民地以外の国の商品関税を高くする政策を何というか。

（４）ドイツやイタリアなどで行われていた，民主主義を否定する，
　　　独裁的な政治体制を何というか。

（５）年表のＡに入る，日本軍が奉天郊外で南満州鉄道の線路を
　　　爆破したことをきっかけに満州を占領したことを何というか。

（６）年表のＡの翌年，満州国の承認に反対していた犬養毅首相
　　　が海軍の青年将校に暗殺された事件を何というか。

（７）1933 年の総会で，リットン調査団の報告にもとづき，満州国
　　　が認められなかった日本がとった行動（年表のＢ）は何か。

1937年	盧溝橋事件が起こる
	（　Ａ　）が起こる
1939年	独ソ不可侵条約を結ぶ
	①第二次世界大戦が始まる
1940年	②ドイツ，イタリア，日本の３か国で同盟を結ぶ
1941年	日本はソ連と日ソ中立条約を結ぶ（４月）
	独ソ不可侵条約を破ってドイツがソ連に侵攻（６月）
	大西洋憲章を発表（８月）
	③日本軍がアメリカの真珠湾を奇襲（12月）
1945年	東京大空襲（３月）
	日本に原子爆弾が落とされる（８月）
	④日本が無条件降伏を受け入れ，終戦（８月）

（１）盧溝橋で日本と中国の軍が衝突した事件をきっかけに始まった戦争（　Ａ　）を何というか。

（２）1938年，（１）が長期化する中，国民の生活のすべてにわたって戦争に動員できるよう取り決めた法律を何というか。

（３）年表の①はドイツがどこの国に侵攻したことから始まったか。

（４）このころ，ドイツはある民族を徹底的に迫害したが，その民族とは何か。

（５）年表の②の同盟を何というか。

（６）年表の③の行為から始まった戦争を何というか。

（７）1945年に起きたア～エのできごとを古い順に並べなさい。

　　　ア　長崎に原子爆弾が落とされる。
　　　イ　ドイツの降伏。
　　　ウ　広島に原子爆弾が落とされる。
　　　エ　日本降伏。

　　　　　　　→　　　→　　　→

（８）年表の④のときに受け入れた，日本に無条件降伏を求める宣言を何というか。

63

/10問

```
1945年   ポツダム宣言を受託
         ①GHQ最高司令官が来日
         （  A  ）が行われる
         （  B  ）が行われる
         国際連合がつくられる

1946年   ②日本国憲法公布

1947年   日本国憲法施行
         （  C  ）が制定される

1949年   ③中華人民共和国が成立
```

（1）年表の①の人物はだれか。

（2）年表のA，Bの説明を読んで，それぞれに入る言葉を書きなさい。

　　　A：経済を独占してきた大企業の結びつきを解体させた。

　　　B：地主が持つ土地を強制的に政府が買い上げて，小作人
　　　　　に安く売り渡したことで，自作農が多く生まれた。

A
....
B

（3）戦後から選挙権をあたえられた人はどんな人か。

　　　ア　満20歳以上の男子　　　イ　満25歳以上の男子
　　　ウ　満20歳以上の男女　　　エ　満25歳以上の男女

（4）年表のCに入る，男女共学，教育の機会均等，義務教育など
　　　を定めた法律を何というか。

（5）年表の②の憲法の3つの基本原理を書きなさい。

（6）アメリカを中心とする西側と，ソ連を中心とする東側
　　　の激しい対立を何というか。

（7）国民党との内戦に勝利し，年表の③の主席となった人物
　　　はだれか。

1950 年	朝鮮戦争が起こる
	①警察予備隊がつくられる
1951 年	②サンフランシスコ平和条約を結ぶ
1955 年	（　A　）が開かれる
1956 年	③日本が国際連合に加盟
1965 年	（　B　）を結ぶ
1972 年	④沖縄が日本に復帰
	日中共同声明
1978 年	（　C　）を結ぶ
1989 年	マルタ会談が開かれ，冷戦終結

（１）年表の①を強化して，1954 年に発足した組織を何というか。

（２）年表の②と同時に結んだ，日本の安全と東アジアの平和を守るため，アメリカ軍基地が日本に残ることを認めた条約は何か。

（３）年表の A に入る，インドネシアのバンドンで開かれ，植民地から独立した 29 か国が参加した会議を何というか。

（４）年表の③の要因ともなった，1956 年に日本とソ連が国交を回復した宣言を何というか。

（５）年表の B に入る，日本と韓国が結んだ条約は何か。

（６）年表の④と同時期に，核兵器に関する原則が決められた。これを何というか。漢字五字で答えよ。

（７）年表の C に入る，日本と中国が結んだ条約を何というか。

（８）1989 年，冷戦のシンボルともいえるあるものがドイツで壊され，東西ドイツが統一された。あるものとは何か。

第35回テスト

年	出来事
1953年	テレビ放送開始
1955年	①自由民主党が結成
1964年	東海道新幹線の開通 東京オリンピック開催
1967年	公害対策基本法の制定
1973年	②第四次中東戦争が勃発
1991年	ソ連が解体
1992年	日本が初めて③国連平和維持活動に参加し、カンボジアへ自衛隊を派遣した。

高度経済成長 1955〜1973年

新潟水俣病
ア
四日市ぜんそく
水俣病

/7問

（1）年表の①について、自由民主党が結成以降38年間政権をとり続けたことを何というか。

（2）高度経済成長によって生まれた四大公害の一つで、富山県の神通川（じんづうがわ）流域 ア で起きた公害を何というか。

（3）高度経済成長が終わるきっかけとなった、年表の②が原因でおこった石油価格が大幅に高騰したことを何というか。

（4）高度経済成長期にみられた社会変化として誤っているものを1つ選びなさい。
　　ア　冷蔵庫や自動車などが家庭に普及した。
　　イ　日本の国民総生産が資本主義国の中で第2位になった。
　　ウ　株式と地価が異常に高くなるバブル経済が崩壊した。

（5）年表の③の略称をアルファベット3文字で答えよ。

（6）2001年アメリカのニューヨークなどで大規模な（　　）テロが発生し、これを理由にアメリカはアフガニスタンを攻撃した。

（7）2015年の国連サミットで採択され、17の目標をかかげた「持続可能な開発目標」の略称をアルファベットで何というか。

アンケートにご協力をお願いします！

　みなさんが、「合格できる問題集」で勉強を頑張ってくれていることを、とても

うれしく思っています。

　よりよい問題集を作り、一人でも多くの受験生を合格へ導くために、みなさん

のご意見、ご感想を聞かせてください。

　「こんなところが良かった。」「ここが使いにくかった。」「こんな問題集が欲し

い。」など、どんなことでもけっこうです。

下のQRコードから、ぜひアンケートのご協力をお願いします。

アンケート特設サイトはコチラ！　　　　　　「合格できる問題集」スタッフ一同

やさしく復習　地理　解答例

第1回テスト

（1）ユーラシア大陸　　　（2）オセアニア州　　　（3）ヒマラヤ山脈　　　（4）ナイル川

（5）アマゾン川　　　（6）①：インド洋　　②：太平洋　　③：大西洋

※（1）他の五大陸は，アフリカ大陸・北アメリカ大陸・南アメリカ大陸・オーストラリア大陸・南極大陸。

　　（2）他の五つの州は，アジア州・ヨーロッパ州・アフリカ州・北アメリカ州・南アメリカ州。

　　（6）3つの海洋の面積は大きいほうから，太平洋→大西洋→インド洋の順番。

第2回テスト

（1）ウ　　　（2）内陸国（ないりくこく）　　　（3）白夜（びゃくや）　　　（4）ウ　　　（5）本初子午線（ほんしょしごせん）

（6）①　×　　②　○　　③　○

※（5）世界の国々がそれぞれの時刻の基準にしている経線を標準時子午線という。（日本は東経135度）

　　（6）① 中心からの距離と方位を正しく表した地図は航空図に利用される。

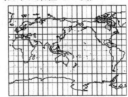

　　　　　航海図は，右図のような緯線と経線が直角に交わった地図を利用する。

第3回テスト

（1）ウ　　　（2）① B→A→C　　② ア　　③ ケープタウン

※（1）最大の大陸であるユーラシア大陸があるウの陸地面積が最も大きくなる。

　　（2）① 地図ⅠではA～Cの長さは等しく表示されているが，赤道から離れるほど，地図は引きのばされている

　　　　　ため，実際の距離は短くなる。　赤道はBを通っている線。

　　　　② 地図Ⅱで東京(中心)からサンフランシスコへ結んだ直線が最短コース

　　　　　になる。右図の通り，その直線はアリューシャン列島の近くを通って

　　　　　いるので，最短コースは，東京→アリューシャン列島付近→サンフランシスコ

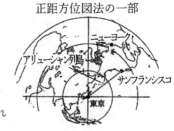

正距方位図法の一部

　　　　③ 地図Ⅱは正距方位図法なので，地図に書かれている円は東京からどれ

　　　　　くらい離れているかの距離である。よって，東京から約15000km離れ

　　　　　ているケープタウンが一番東京から遠い。

第4回テスト

（1）1月10日午前2時　　　（2）11月1日午後8時　　　（3）3月20日午後8時　　　（4）13時間

※（1）経度15度で1時間の時差なので，(135－0)÷15＝9　　　ロンドンは日本より9時間遅れている。

　　（2）ニューヨークは西経なので，(135＋75)÷15＝14　　　ニューヨークは日本より14時間遅れている。

　　（3）日本とカイロの時差は，(135－30)÷15＝7（時間）なので，日本時間3月20日午後8時のとき，カイロ

　　　　の現地時間は3月20日午後1時。飛行機で7時間移動しているので，到着時間は3月20日午後8時。

　　（4）（2）より，日本とニューヨークの時差は14時間。よって，日本時間10月2日午後3時のとき，ニューヨ

　　　　ークの現地時間は10月2日午前1時である。その時刻から飛行機に乗り，10月2日午後2時に到着してい

　　　　るので，飛行機には13時間乗っていたことになる。

第5回テスト

① シンガポール　　② カイロ　　③ モスクワ　　④ ケープタウン　　⑤ パリ　　⑥ ラパス

※①は年中気温が高く，降水量も多いので，熱帯のシンガポール。(熱帯雨林気候)

②は極端に降水量が少ないので，乾燥帯のカイロ。(砂漠気候)

③は他の雨温図に比べて最低気温が一番低いので，冬の寒さが厳しい冷帯（亜寒帯）のモスクワ。

④は7月頃に最も気温が低いので南半球にあり，夏に乾燥し，冬に雨が多くなる地中海性気候のケープタウン。

⑤は一年中雨が少なく，夏は暑すぎず，冬も寒すぎない気候なので西岸海洋性気候のパリ。

⑥は高山気候のラパス。アンデス山脈高地にあるラパスは赤道に近くても一年中気温が低い。

第6回テスト

（1）一人っ子政策　　（2）経済特区（けいざいとっく）　　（3）向き：B　名称：季節風（モンスーン）

（4）東アジア　　（5）ウ　　（6）二期作（にきさく）　　（7）ASEAN（アセアン）（東南アジア諸国連合）

※（1）2015年に廃止された。

（2）外国企業が多く進出し，中国の工業生産が増加し，世界の工場とよばれるようになった。この地区に多く
の外国企業が流入してきたのは，安くて豊富な労働力が手に入り，税金などが優遇されるからである。

（3）季節風は半年ごとに風向きが逆になり，夏は海から陸へ，冬は陸から海の方向へ風が吹く。

（4）アジア州は，東アジア，南アジア，東南アジア，西アジア，中央アジアに区分される。

（5）大豆の生産はアメリカ，ブラジル，アルゼンチンなどで盛んである。

（6）東南アジアは季節風の影響で降水量が多いので，米の二期作が行われる地域がある。

第7回テスト

（1）B　　（2）ア 農産物　イ 工業製品　ウ 安い　　（3）情報通信技術(ICT)産業　　（4）綿花

（5）インド：ヒンドゥー教 ，フィリピン：キリスト教　　（6）プランテーション　　（7）OPEC（オペック）

※（1）Aはミャンマー，Cはカンボジア，Dはマレーシア。

（5）中国やタイは仏教，西アジアやインドネシア，マレーシアはイスラム教が主に信仰されている。

第8回テスト

（1）サハラ砂漠　　（2）ア：サヘル　イ：焼畑農業　　（3）レアメタル

（4）赤道：ウ　本初子午線：B　　（5）モノカルチャー経済　　（6）ア

※（5）ナイジェリアは原油，ボツワナはダイヤモンド，ガーナは金や原油の輸出にたよっている。

第9回テスト

（1）遊牧　　（2）ヨーロッパ諸国の植民地時代，経線・緯線を利用して国境線が引かれたため。

（3）イ　　（4）ア：イスラム　イ：キリスト　　（5）アフリカ連合(AU)　　（6）NGO

※（2）ヨーロッパ諸国が民族性や文化を無視して境界線を引いたため，アフリカでは民族紛争が多く起きている。

（3）アはエジプト，イはナイジェリア，ウはコンゴ民主共和国，エは南アフリカ共和国。

第10回テスト

（1）アルプス山脈　　（2）国際河川（こくさいかせん）　　（3）X：偏西風（へんせいふう）　Y：北大西洋海流　　（4）米

（5）フィヨルド　　（6）ヨーロッパ連合(EU)　　（7）ユーロ　　（8）東ヨーロッパ

※（3）イタリアの南部を通る北緯40度線は，日本の秋田県あたりを通るが，偏西風と暖流の北大西洋海流の影響で，

西ヨーロッパの国々は日本より高緯度にもかかわらず温暖である。

（4）夏は乾燥につよいオリーブ，ぶどう，オレンジなどを，温暖で雨が多い冬は小麦を栽培する。（地中海式農業）

デンマークやオランダでは，乳牛を飼いチーズなどの乳製品をつくる酪農が盛ん。

アルプス山脈より北では，穀物や家畜のえさの栽培と家畜の飼育を組み合わせた農業が盛ん。（混合農業）

（6）EU内では，パスポートなしに自由に国境を通過できる。

第11回テスト

（1）航空機　　（2）C　　（3）A　　（4）キリスト教　　（5）ゲルマン

（6）タイガ　　（7）パイプライン

※（1）現在，ヨーロッパでは医薬品や航空機などを製造する先端技術（ハイテク）産業が成長している。

（2），（3）Aはフランス，Bはイタリア，Cはドイツ，Dはチェコ。

第12回テスト

（1）A：ロッキー山脈　B：アパラチア山脈　　（2）ミシシッピ川　　（3）グレートプレーンズ

（4）五大湖　　（5）適地適作　　（6）①：サンベルト　②：シリコンバレー　　（7）メキシコ

※（3）アメリカは西部から，ロッキー山脈→グレートプレーンズ→プレーリー→中央平原→アパラチア山脈がある。

第13回テスト

（1）A：小麦　B：とうもろこし　C：綿花　　（2）エ　　（3）企業的な農業

（4）ヒスパニック

※（1）小麦はグレートプレーンズの大規模な*かんがい農業によって生産されている。

また，Bの地域では大豆の生産も盛んで，生産量・輸出量ともに多い。

（2）西経100度より東側→降水量が多く，とうもろこしや大豆を栽培。

西経100度より西側→降水量が少なく，肉牛の放牧が盛ん。降水量の少ないグレートプレーンズ周辺で

は，センターピボットとよばれるスプリンクラーから円形に水がまかれる大規模な農業が行われている。

> *かんがい農業とは...
> 農作物を育てるために
> 田や畑に河川や地下水
> などから水を引いて育
> てる農業。

第14回テスト

（1）アンデス山脈　　（2）ポルトガル語　　（3）ア　　（4）B：セルバ　C：パンパ

（5）バイオエタノール（バイオ燃料）　　（6）①：コーヒー豆　②：鉄鉱石　③：銅鉱石

※（4）B：この地域の伝統的な農業は焼畑農業で，バナナ，いも，とうもろこし，豆などを栽培している。

（5）バイオ燃料は，地球温暖化対策の新しい燃料として注目されている植物原料からつくるアルコール燃料である。

再生可能エネルギーとして注目されているが，さとうきび畑を作るために森林が伐採され，問題になっている。

（6）石炭の産出量は中国が半数以上を占め，カカオ豆の生産量はコートジボワール・ガーナ・インドネシアで多い。

第15回テスト

（1）イギリス　　（2）羊　　（3）■：エ　▲：イ　　（4）①：アボリジニ　②：マオリ

（5）中国　　（6）APEC（アジア太平洋経済協力）　　（7）白豪主義　　（8）多文化社会

※（1）オーストラリアは，独立した現在もイギリスとの結びつきが強く，公用語は英語である。

（3）右図のように，地面を直接削って鉄鉱石などを採掘する方法を露天掘りという。

（5）オーストラリアの貿易相手国は中国や日本などのアジアの国々が上位を占める。

　　1960年頃は羊毛が輸出品の中心であったが，現在は鉄鉱石や石炭，液化天然

　　ガスなどの鉱山資源が中心である。

第16回テスト

（1）① 田　② 果樹園　③ 茶畑　④ 警察署　⑤ 工場　⑥ 寺院　　（2）2.5km　　（3）等高線

（4）イ　　（5）国土地理院　　（6）ハザードマップ（防災マップ）

※（1）そのほかの主な地図記号

◎	市役所 （東京都の区役所）	⊗	高等学校	⊞	病院	⌄⌄⌄	畑
○	町・村役場	Y	消防署	☼	発電所	ꝏ Q Q	広葉樹林
文	小・中学校	⊖	郵便局	凸	城跡	ʌ ʌ ʌ	針葉樹林

（2）25000×10 ＝250000（cm）＝2.5（km）

（4）等高線の間隔がせまいほど傾斜が急である。

第17回テスト

（1）信濃川　　（2）利根川　　（3）長さが短く，流れが急である。　　（4）琵琶湖

（5）フォッサマグナ　　（6）① 北方領土　② 竹島　③ 尖閣諸島

※（4）世界の河川と比べると，日本の河川は山から海までの距離が短いので，長さが短く流れが急である。

　　また，川の水量の変化が大きいので，大雨による洪水が起きやすい。

第18回テスト

（1）扇状地　　（2）ウ　　（3）A：オホーツク海　B：太平洋　C：東シナ海　D：日本海

（4）大陸棚　　（5）海溝

※（2）水が得やすいという理由で主に水田に利用されてきたのは，川の河口部などにできる三角州。

第19回テスト

（1）A：日本海流（黒潮）　B：千島海流（親潮）　　（2）ア 12　イ 200

（3）ア 明石　イ 135　　（4）北：択捉島　東：南鳥島　西：与那国島　南：沖ノ鳥島　　（5）47

※（2）排他的経済水域は，水産資源や鉱産資源を沿岸の国が独占的に調査したり，開発したりできる水域。

　　領土と領海の上空が領空。　　日本の国土（領土）面積は約38万km²。

（5）1都（東京都），1道（北海道），2府（大阪府，京都府），43県

-4-

キリトリ

第20回テスト

① 金沢　②東京　③ 札幌　④ 高松　⑤ 那覇　⑥ 松本

※① 冬に降水量（雪）が多いので，日本海側の気候の金沢（石川県）。

② 夏は南東の季節風，梅雨の影響で降水量が多く，冬は晴れの日が多いので太平洋側の気候の東京。

③ 冬は低温で，夏は梅雨がなく，少雨なので，冷帯（亜寒帯）の北海道の気候の札幌。

④ ②との判断に迷うが，全体的に少雨なので，晴れの日が多い瀬戸内の気候の高松（香川県）。

⑤ 高温多雨なので，南西諸島の気候である亜熱帯の那覇（沖縄県）。

⑥ 年間を通して低温で少雨なので，内陸（中央高地）の気候の松本（長野県）。

第21回テスト

（1）イ　　（2）エ　　（3）つぼ型　　（4）少子高齢化　　（5）太平洋ベルト

（6）加工貿易　　（7）産業の空洞化

※（2）食料自給率は，国内で消費される農産物のうち，国内で生産される割合を示したもの。

（3）人口ピラミッドは，年齢別の人口構成を表したグラフ。日本の人口ピラミッドは下図のように変化してきた。

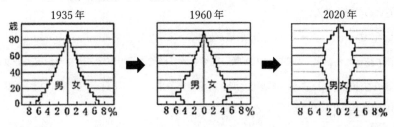

（5）日本の主な工業地帯は臨海部で発達 → 船による海外からの鉄鉱石などの輸入や製品の輸出に便利だから。

第22回テスト

（1）火力発電　　（2）① カナダ　② フランス　③ アメリカ　　（3）オーストラリア

（4）再生可能エネルギー　　（5）持続可能な社会　　（6）イ，ウ

※（1）火力発電所は燃料が輸入しやすく，電力需要が多い大都市付近の臨海部に建設されている。

（2）①は水力発電の割合が大きいのでカナダ。また，ブラジルも水力発電の割合が大きい。

②は原子力発電の割合が大きいのでフランス。

③は総発電量が多いのでアメリカ。また，中国も総発電量が多い。

ドイツ・イタリア・スペインは新エネルギー（再生可能エネルギー）の発電割合が他国と比べると大きい。

（3）日本は資源に乏しく，鉄鉱石・石炭はオーストラリア，石油はサウジアラビアなどからの輸入に頼っている。

（6）第一次産業は農業，林業，漁業など，第二次産業は製造業，建設業など，第三次産業は商業，サービス業など。

ア，オ，カは第三次産業，エは第二次産業である。

第23回テスト

（1）カルデラ　　（2）シラス台地　　（3）地熱発電　　（4）促成栽培

（5）A：エ　　B：ア　　（6）北九州工業地帯

※（2）シラス台地は，畑作(さつまいもや茶の栽培)や畜産が盛んである。

　（3）火山の多い九州地方は，地熱発電所のほかに温泉も豊富にあり，日本の温泉の源泉数の約4割を占める。

　（6）北九州工業地帯では戦後，公害の被害が深刻だったことから，リサイクルなどを進めて持続可能な都市づく
　　りを目指した。現在，北九州市はエコタウンに選ばれ，リサイクル工場や研究施設が集まっている。

第24回テスト

（1）① 季節風　　② B　　③ A　　④ 少ない　　（2）かき

（3）① 島根県　　② 愛媛県　　③ 香川県　　（4）過疎化　　（5）本州四国連絡橋

（6）石油化学コンビナート

※（1）中国・四国地方のうち，四国山地の南側を南四国，中国山地の北側を山陰，瀬戸内海に面した地域を瀬戸内
　　という。また，夏も冬も降水量の少ない瀬戸内では，古くから農業のかんがい用にため池がつくられてきた。

　（2）愛媛県ではまだいの養殖も盛ん。

　（3）高知県では，なす，ピーマン，きゅうりの促成栽培が盛ん。

　（5）都市間が交通網で結ばれた結果，大都市に人が吸い寄せられて移動する現象をストロー現象という。

　（6）瀬戸内工業地域の石油化学コンビナートとしては，新居浜市のほかに，周南市，倉敷市の水島地区がある。

第25回テスト

（1）紀伊山地　　（2）阪神工業地帯　　（3）梅，みかん（順不同）

（4）① 兵庫県　　② 滋賀県　　③ 三重県　　（5）ニュータウン　　（6）古都

※（1）紀伊山地は降水量が多いため，樹木の生長が早く，すぎ や ひのき を生産する林業が盛んであるが，
　　林業従事者の減少，高齢化などの問題を抱えている。

　（2）東大阪市や八尾市では規模の小さな工場（中小工場）が集中している。

　（4）③三重県の志摩半島はリアス海岸が発達しており，波の静かな湾での真珠の養殖が盛んである。

　（5）神戸市では山地をけずってニュータウンを造り，けずった土で臨海部をうめたり，人工島を造ったりした。

　（6）国宝・重要文化財の指定件数が1位である都道府県は京都府で，2位は奈良県。
　　京都市では，歴史的な町並みや景観を守るために，店の外観や建物の高さなどを規制する条例を定めている。

第26回テスト

（1）木曽山脈　　（2）中京工業地帯　　（3）他県の出荷量が少ない夏に出荷している。

（4）新潟県：米，静岡県：茶　　（5）① 石川県　　② 愛知県　　③ 山梨県　　（6）施設園芸農業

※（3）夏の冷涼な気候を利用して収穫・出荷を遅らせ，他の産地の出荷量が少ない夏に出荷することで高い価格
　　で販売することができる。

　（5）①伝統産業は冬の農業ができない期間に発達した。中部地方では伝統産業のほかに，福井県鯖江市の眼鏡
　　フレームのように，地域に関連した原材料を使用する産業（地場産業）も盛んである。

第27回テスト

（1）関東ローム　　　（2）ヒートアイランド現象　　　（3）ア

（4）郊外から都心部へ通勤・通学する人が多いから。　　　（5）政令指定都市　　　（6）A：イ　B：ウ

※（4）都心部は地価が非常に高いため，郊外や近隣県に住んで都心へ通勤・通学している。そのため，都心部では
　　　昼間人口が多く，郊外や近隣県では夜間人口の方が多くなっている。

　　（6）東京国際空港は別名羽田空港。名古屋港は中京工業地帯が近くにあるので，輸出額が大きい。
　　　　横浜港は長い間，日本の「海の玄関」として利用され，自動車の輸出などが盛んである。

第28回テスト

（1）A：京浜工業地帯　　　B：京葉工業地域　　　C：北関東工業地域　　　（2）からっ風

（3）近郊農業　　　（4）抑制栽培　　　（5）① 茨城県　② 群馬県　③ 栃木県

※（3）大消費地である東京に近く，輸送にかかる時間と費用をおさえることができるため，関東地方では野菜の
　　　生産が盛んである。

第29回テスト

（1）白神山地　　　（2）リアス海岸　　　（3）潮目（潮境）　　　（4）わかめ　　　（5）やませ

（6）① 宮城県　② 岩手県　③ 青森県　　　（7）さくらんぼ

※（4）この他にもリアス海岸の湾内では，こんぶ や かき の養殖も盛んである。

　　（6）東北地方の代表的な祭りとして，青森のねぶた祭，秋田の竿灯まつり は覚えておくとよい。

　　（7）山形県では洋ナシの生産量も多い。

第30回テスト

（1）知床半島　　　（2）濃霧　　　（3）ロードヒーティング　　　（4）B：根釧台地　C：十勝平野
D：石狩平野　　　（5）酪農　　　（6）エ　　　（7）栽培漁業　　　（8）アイヌの人々

※（1）知床やヨーロッパでは，自然との関係を大切にしつつ，観光資源を体験したり，ガイドからの説明から学ん
　　　だりする，エコツーリズムが広まっている。

　　（4）C：十勝平野では，同じ土地で年や時期ごとに異なる作物を順番に作る「輪作」を取り入れている。
　　　　D：作物を育てるのに適した土をほかの場所から運びこむ「客土」を行い，米の産地に生まれ変わった。

　　（5）北海道の乳牛の頭数は全国の約5割を占めているが，東京などの大消費地から遠いため，飲用としてではな
　　　く，バターやチーズに加工されて全国に出荷されている。

　　（6）さつまいもの生産は鹿児島県などで盛んである。

やさしく復習　歴史　解答例

第1回テスト

（1）① 象形　② メソポタミア　③ インダス　④ 甲骨　　（2）殷　　（3）孔子　　（4）儒教（儒学）

（5）（秦の）始皇帝　　（6）シルクロード（絹の道）　　（7）アテネ　　（8）シャカ（釈迦）

※（2）中国の主な王朝は，

　　殷→周→秦→漢→三国（魏・呉・蜀）→隋→唐→宋→元→明→清→中華民国→中華人民共和国という順番。

　（5）秦の始皇帝は，北方の遊牧民の侵入を防ぐために万里の長城を築いた。

　（7）地中海各地にギリシャ人が造った都市国家をまとめてポリスという。アテネはポリスの中の1つ。

　（8）紀元前後に生まれたイエスが説いた教えをキリスト教という。

　　　　7世紀，アラビア半島でムハンマドが唯一神（アッラー）の教えを伝え，イスラム教を開いた。

第2回テスト

（1）B　　（2）たて穴住居　　（3）① 貝塚　② 吉野ケ里遺跡　③ 高床倉庫　　（4）漢（後漢）

（5）卑弥呼　　（6）大仙古墳（仁徳陵古墳）　　（7）埴輪

※（1）Aは縄文時代の代表的な青森県の三内丸山遺跡。　　Cは弥生時代の代表的な静岡県の登呂遺跡。

　　　　石を打ち砕いて作った打製石器を使い，狩りや採集で食料を得ていた時代を旧石器時代という。

　　　　1946年，岩宿遺跡から打製石器が発見され，日本にも旧石器時代があったことが明らかになった。

　（3）縄文時代の土偶は魔除けや食物の豊かさを祈るために使われていた。

　　　　③の高床倉庫は，収穫した米をねずみや湿気から守るために床を地面から離して建てた。

　（4）後漢の皇帝から授かった金印には「漢委奴国王」と書かれていた。

　（6）右図のような形をしている古墳を，前方後円墳という。

第3回テスト

（1）渡来人　　（2）A：冠位十二階の制度　B：十七条の憲法　　（3）遣隋使　　（4）法隆寺

（5）飛鳥文化　　（6）中大兄皇子（後の天智天皇），中臣鎌足（後の藤原鎌足）（順不同）　　（7）百済

※（6）大化の改新の際に中大兄皇子らにたおされた一族を蘇我氏という。

　　　　豪族が支配していた土地と人民を，公地・公民として国家が直接支配するようになった。

　（7）663年，日本は百済の復興を助けるために大軍を送ったが，唐と新羅の連合国に敗れた。

第4回テスト

（1）壬申の乱　　（2）班田収授法　　（3）大宝律令　　（4）和同開珎

（5）ア 3　イ 調　　（6）防人　　（7）墾田永年私財法　　（8）荘園

※（2）班田収授法をおこなうために，一定期間ごとにつくられた台帳が戸籍。

　（3）大宝律令は，唐の法律にならって定められた，刑罰の決まりや政治を行う上でのさまざまなきまり。

　（5）庸，調，雑徭，兵役などは男子のみに課せられていた負担なので，戸籍に女といつわって，この負担を

　　　　逃れようとするものが多くあらわれた。

　（7）人口の増加により口分田が不足したので（7）を出したが，これにより公地・公民の原則はくずれた。

第5回テスト

（1）遣唐使　　（2）正倉院　　（3）仏教の力で国を守るため。　　（4）天平文化

（5）鑑真　　（6）古事記，日本書紀（順不同）　　（7）風土記　　（8）万葉集

※（2）正倉院は三角形の木材を組んだ校倉造という建築様式でつくられている。

第6回テスト

（1）桓武天皇　　（2）A：天台　　B：真言　　C：菅原道真　　（3）摂関政治　　（4）院政

（5）平清盛　　（6）宋　　（7）国風文化　　（8）I 古今和歌集　II 枕草子　III 源氏物語

※（3）藤原氏の摂関政治の全盛期であった11世紀は藤原道長と

その子の藤原頼通の時代であったともいえ，この時期に

藤原頼通は京都（宇治）に平等院鳳凰堂を建てた。

（5）藤原氏と平清盛の勢力の伸ばしかたは似ており，右図のように

藤原氏と平清盛は，自分の娘を天皇のきさきにし，その子を

次の天皇に立てることで実権をにぎった。

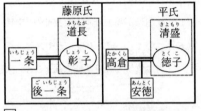

※□は天皇，○は女性，＝は婚姻関係を示す。

（6）平清盛は，瀬戸内海の航路や兵庫（神戸市）の港を整備し，日宋貿易を進めた。

（7）平安時代，漢字を変形して仮名文字が作られ，細やかな感情をそのまま書き表すことができるようになった。

第7回テスト

（1）ア 守護　　イ 地頭　　（2）I：御恩　　II：奉公　　（3）執権　　（4）承久の乱

（5）六波羅探題　　（6）御成敗式目(貞永式目)　　（7）フビライ・ハン　　（8）後醍醐天皇

※（7）このときの執権は，北条時宗。

元寇のときの負担などで生活が苦しくなった御家人を救うために，幕府は（永仁の）徳政令を出した。

永仁の徳政令…御家人が手放した土地をただで取り戻せるようにした法令。

第8回テスト

（1）ア：新古今和歌集　　イ：平家物語　　ウ：徒然草　　（2）像：金剛力士像　　作者：運慶

（3）① 法然　② 浄土真　③ 日蓮　④ 栄西　　（4）イ　　（5）定期市

※（1）鴨長明が社会のむなしさを説いた随筆「方丈記」も有名である。

（2）金剛力士像は東大寺南大門の左右に収められている。

第9回テスト

（1）建武の新政　　（2）足利尊氏　　（3）管領　　（4）守護大名　　（5）足利義満

（6）勘合　　（7）琉球王国

※（1）建武の新政は貴族を重視する政策をとっていたために武士の不満が高まり，2年ほどで失敗した。

（2）南朝と北朝の約60年続いた動乱の時代を南北朝時代という。

（6）この貿易を勘合貿易（日明貿易）という。日本の輸入品：銅銭や生糸　輸出品：銅や刀

（7）琉球王国は日本・中国・朝鮮と東南アジアの国々とをむすぶ中継貿易を行っていた。

第１０回テスト

（１）エ （２）二毛作 （３）惣 （４）借金の帳消し。 （５）イ
（６）書院造 （７）東山文化

※（１）室町時代のころの商人や手工業者などの同業者ごとの団体を「座」とよび，営業を独占する権利を認めら
れた。

（７）足利義満のころの文化を北山文化という。

第１１回テスト

（１）応仁の乱 （２）下剋上 （３）戦国 （４）分国法 （５）ウ （６）南蛮貿易

※（５）鉄砲はポルトガル人を乗せた中国船が，鹿児島県の種子島に流れ着いたときに日本に伝えられた。

（６）このころ，ポルトガル人やスペイン人は南蛮人と呼ばれていた。

南蛮貿易での日本輸入品：生糸 輸出品：銀

第１２回テスト

（１）十字軍 （２）ルネサンス（文芸復興） （３）宗教改革 （４）イエズス会
（５）キリシタン大名 （６）ア バスコ・ダ・ガマ イ マゼラン

※（１）十字軍はローマ教皇の呼びかけで結成され，何度も派遣されたが，エルサレムの奪回には失敗した。

（２）Ａの作者はレオナルド・ダ・ビンチ，Ｂの作者はミケランジェロ。

（４）フランシスコ・ザビエルは，1549 年に鹿児島県に上陸し，日本にキリスト教を伝えた。

（６）15 世紀後半から始まった，ヨーロッパ人によるアフリカ・アジア・アメリカ大陸への大規模な航海が
行われた時代を大航海時代という。

第１３回テスト

（１）織田信長 （２）楽市・楽座 （３）豊臣秀吉 （４）太閤検地 （５）兵農分離
（６）ア （７）千利休

※（１）織田信長は 1582 年に家臣の明智光秀にそむかれて本能寺で自害した。（本能寺の変）

（３）豊臣秀吉は，信長の後継者争いに勝利し，壮大な大阪城を築いて本拠地にした。

また信長と秀吉の時代を安土桃山時代という。

（６）桃山文化を代表し，世界遺産にも登録されている姫路城もこのころ兵庫県に建てられた。

（７）このころは，「唐獅子図屏風」をえがいた狩野永徳なども有名である。

第１４回テスト

（１）徳川家康 （２）外様大名 （３）武家諸法度 （４）ア
（５）徳川家光 （６）五人組

※（１）徳川家康は 1600 年の関ケ原の戦いで石田三成を中心とする豊臣方を破り，実権をにぎった。

（２）譜代大名は関ケ原の戦い以前から徳川氏に従っていた大名。親藩は徳川氏一族の大名。

（４）参勤交代は，大名が 1 年おきに領地と江戸を往復することを義務づけた制度。

-10-

キリトリ

第15回テスト

（1）朱印船貿易　　（2）絵踏　　（3）島原・天草一揆　　（4）出島　　（5）清, オランダ

（6）千歯こき, 備中ぐわ　　（7）朝鮮通信使　　（8）五街道

※（1）この貿易にともない, 多くの日本人が東南アジアの各地に移住し, 日本人が住む町（日本町）ができた。

　　渡航許可書：朱印状　　朱印船貿易での日本の輸入品：生糸　輸出品：銀

（5）清からは上質な生糸や絹織物が輸入でき, オランダはキリスト教の布教を行わなかったので貿易を続けた。

（8）五街道は, 東海道・中山道・日光道中・奥州道中・甲州道中

第16回テスト

（1）徳川綱吉　　（2）元禄文化　　（3）松尾芭蕉　　（4）近松門左衛門　　（5）浮世絵

（6）蔵屋敷

※（1）徳川綱吉は, 儒学の中でも, 主従関係や上下関係を重んじる「朱子学」を重視した。

（6）このころ, 商業の中心地として栄えた大阪は「天下の台所」と呼ばれていた。

第17回テスト

（1）ウ　　（2）問屋制家内工業　　（3）田沼意次　　（4）株仲間　　（5）ア

※（1）エを上げ米の制という。 ウは徳川綱吉が落とした貨幣の質を新井白石がもとに戻したこと（正徳の治）である。

（5）ウは田沼意次による政治。

第18回テスト

（1）異国船打払令　　（2）工場制手工業（マニュファクチュア）　　（3）大塩平八郎　　（4）水野忠邦

（5）イ　　（6）清が（アヘン）戦争でイギリスに敗れたのを知ったため。

※（1）イギリスの軍艦が長崎の港に侵入するフェートン号事件やロシア・アメリカの船が日本海岸に接近するよう

　　になったのをきっかけに, 異国船打払令が出された。

（3）大阪の元役人である大塩平八郎が人々を救おうと起こした反乱を, 大塩平八郎の乱（大塩の乱）という。

（5）水野忠邦の天保の改革では, 異国船打払令をやめることも行った。

　　ウは松平定信の寛政の改革である。

（6）強い国だと思っていた隣国の清がイギリスに敗れ, 不平等条約を結んだことで, 欧米諸国の強さを知った。

　　そこで, 外国を刺激して戦争をしかけられるのを防ぐため, 異国船打払令をやめた。

第19回テスト

（1）国学　　（2）杉田玄白　　（3）伊能忠敬　　（4）化政文化　　（5）葛飾北斎

（6）東海道中膝栗毛　　（7）寺子屋

第20回テスト

（1）クロムウェル　　（2）名誉革命　　（3）イギリス　　（4）ワシントン

（5）A：ロック　B：モンテスキュー　C：ルソー　　（6）人権宣言　　（7）ナポレオン

※（2）名誉革命の翌年に出された権利章典によって, イギリスでの議会と国王の関係が定まった。

第21回テスト

（1）産業革命　（2）三角貿易　（3）アヘン戦争　（4）南京条約　（5）太平天国の乱

（6）インド大反乱　（7）北部　（8）リンカン

※（1）インドの良質な綿織物に対抗するために，綿織物産業から産業革命がはじまった。

　　（4）この条約でイギリスは香港を得た。さらに，イギリスに領事裁判権を認め，清に関税自主権はなくなった。

第22回テスト

（1）ペリー　（2）日米和親条約　（3）ア：領事裁判権　　イ：関税自主権

（4）井伊直弼　（5）尊王攘夷運動　（6）桜田門外の変

※（2）この条約で開港したのは，下田（静岡県）と函館（北海道）の2港。

　　　　これまでの外国との貿易では，生糸の輸入量が多かったが，開港後は輸出品の8割以上が生糸であった。

　　（3）領事裁判権…日本に滞在中のアメリカ人の犯罪を日本の法律ではなく，アメリカの法律で裁判する権利。

　　　　関税自主権…日本側の輸出入品の関税率（税金の割合）を自主的に決める権利。

第23回テスト

（1）薩長同盟　（2）坂本龍馬　（3）大政奉還　（4）徳川慶喜

（5）王政復古の大号令　　（6）戊辰戦争

※（6）徳川慶喜は新しい政権の中で主導権を握るために大政奉還をしたが，倒幕側（西郷隆盛など）が王政復古の大

　　　　号令を出し，慶喜に領地の返上などを命じ，天皇中心の政治にもどす宣言をしたことから戊辰戦争へと発展。

第24回テスト

（1）五箇条の御誓文　（2）明治維新　（3）A：版籍奉還　B：廃藩置県

（4）エ　（5）徴兵令　（6）ア：3　イ：現金

※（3）新政府は版籍奉還を行ったが，藩の政治は元の藩主が担当したので改革の効果がなかった。そのため，

　　　　廃藩置県を行い，府知事・県令（後の県知事）が新政府から派遣され，中央集権国家のしくみができた。

　　（6）地租改正は，地価を定めて土地の所有者に地券を交付し，地価の3%を現金で納めさせた政策。しかし，

　　　　これに反対する人が多かったので，1877年に税率は2.5%に下げられた。

第25回テスト

（1）富国強兵　（2）文明開化　（3）岩倉使節団　（4）福沢諭吉　（5）ロシア

（6）屯田兵　（7）征韓論　（8）日朝修好条規

※（1）学制，徴兵令，地租改正の3つは，富国強兵を具体化するために行った明治の三大改革である。

　　　　富国強兵の1つとして近代的な産業を育てて経済の資本主義化を図る政策を殖産興業といい，欧米の進ん

　　　　だ技術や機械を取り入れ，生糸の増産のために富岡製糸場をつくった。建設には渋沢栄一がたずさわった。

　　（3）写真Aは左から木戸孝允，山口尚芳，岩倉具視，伊藤博文，大久保利通である。

第２６回テスト

（１）板垣退助　　（２）自由民権運動　　（３）西郷隆盛　　（４）伊藤博文　　（５）ドイツ

（６）天皇　　（７）エ

※（１）国会の開設が決まると，板垣退助を党首とする自由党と，大隈重信を党首とする立憲改進党が結成された。

　（５）伊藤博文はヨーロッパでドイツやオーストリアなどの憲法を学び，伊藤博文が中心となって憲法の草案を作成。

　（６）大日本帝国憲法では，国を統治するのは天皇で，帝国議会・内閣・裁判所は天皇の統治を助けるものとされた。

　（７）帝国議会は，皇族・天皇が指名した議員などが務める貴族院と国民が選挙した議員からなる衆議院の二院制。

第２７回テスト

（１）ア　　（２）Ｘ：朝鮮　Ｙ：ロシア　　（３）下関条約　　（４）三国干渉

（５）ポーツマス条約　　（６）イ

※（１）ノルマントン号事件をきっかけに，不平等条約の改正を求める国民の声が高まった。

　（２）甲午農民戦争に対して，朝鮮政府から出兵を求められた清と，清に対抗して出兵した日本との戦いを日清戦争。

　（３）この条約で，清は朝鮮の独立を認めた。

　（５）日露戦争の前の1902年，ロシアに対抗するために日本はイギリスと日英同盟を結んだ。

　（６）日露戦争は日清戦争の数倍の被害を出したが，賠償金を得られなかったので，民衆は日本の得る利益が少

　　　ないとして，暴動を起こした。

第２８回テスト

（１）八幡製鉄所　　（２）与謝野晶子　　（３）夏目漱石　　（４）韓国併合　　（５）孫文

（６）革命：辛亥革命　国名：中華民国

第２９回テスト

（１）Ａ：三国協商　Ｂ：三国同盟　　（２）日英同盟　　（３）レーニン　　（４）シベリア出兵

（５）ベルサイユ条約　　（６）民族自決　　（７）イ

※（１）第一次世界大戦はオーストリアの皇太子夫妻が，サラエボで暗殺されたことから始まった。

　　　　４年にわたる戦争で，新兵器（戦車，飛行機，毒ガスなど）により，多くの死傷者が出た。

　（２）日英同盟は1921〜22年に開かれたワシントン会議で解消された。

　　　　また，この会議では海軍の軍備の制限，太平洋地域の現状維持，中国の独立と領土の保全を確認した。

　（６）ウィルソン大統領は国際連盟の設立も提案した。

第３０回テスト

（１）二十一か条の要求　　（２）三・一独立運動　　（３）五・四運動　　（４）ガンディー

（５）イ　　（６）治安維持法　　（７）芥川龍之介

※1918年の米騒動は，シベリア出兵を見こした米の買い占めによって値段が大幅に上がった米の安売りを求めて，

　　民衆が米屋などをおそった騒動のこと。その後，原敬を首相とする，初の本格的な政党内閣が成立した。

　（５）普通選挙法によって，納税額による制限がなくなり，有権者数が約４倍に増えた。

第31回テスト

（1）スターリン　（2）ニューディール政策（新規まき直し政策）　（3）ブロック経済

（4）ファシズム　（5）満州事変　（6）五・一五事件　（7）国際連盟を脱退した。

※（2）日本の生糸の最大輸出国であるアメリカで世界恐慌が起こり，生糸の需要が減り，日本の生糸の輸出量は
激減した。

（6）この事件により，8年間続いた政党内閣の時代が終わり，軍人が首相になることが多くなった。

第32回テスト

（1）日中戦争　（2）国家総動員法　（3）ポーランド　（4）ユダヤ人

（5）日独伊三国同盟　（6）太平洋戦争　（7）イ→ウ→ア→エ　（8）ポツダム宣言

※（4）ドイツで独裁政治を行っていたヒトラーがユダヤ人を有害な民族として迫害した。

（6）日本はすべての国力を投入する総力戦として戦い，多くの成人男性が戦場におくられ，空襲がひどくなると，
都市の小学生は，農村に集団で疎開した。

（7）アは1945年8月9日　イは1945年5月　ウは1945年8月6日　エは1945年8月15日

第33回テスト

（1）マッカーサー　（2）A：財閥解体　B：農地改革　（3）ウ　（4）教育基本法

（5）国民主権，平和主義，基本的人権の尊重(順不同)　（6）冷戦(冷たい戦争)　（7）毛沢東

※（2）財閥解体により，戦前に強い力を持っていた財閥の機能を失わせた。

農地改革により，経済的にも社会的にも農村の平等化が進んだ。

（5）新憲法の制定にともない，天皇は国と国民の象徴になった。

（6）アメリカを中心とする西側は北大西洋条約機構(NATO)，ソ連を中心とする東側はワルシャワ条約機構と
いう軍事同盟を結んだ。

第34回テスト

（1）自衛隊　（2）日米安全保障条約　（3）アジア・アフリカ会議　（4）日ソ共同宣言

（5）日韓基本条約　（6）非核三原則　（7）日中平和友好条約　（8）ベルリンの壁

※（2）吉田茂内閣は，サンフランシスコ平和条約を48か国と結び，日本は独立を回復した。

（5）日本が韓国政府を朝鮮半島唯一の政府として認めた条約。

（6）非核三原則とは，核兵器を「持たず，つくらず，持ちこませず」。

（7）1972年，田中角栄内閣が日中共同声明をだして中国と国交を正常化にし，中国からパンダがおくられた。
その後の1978年に日中平和友好条約を結び，日本と中国の関係は深まっていった。

第35回テスト

（1）55年体制　（2）イタイイタイ病　（3）オイルショック（石油危機）　（4）ウ

（5）PKO　（6）同時多発　（7）SDGs

※（2）高度経済成長により国民の所得は増え，暮らしが便利になったが，大気汚染や水質汚濁などの公害問題も
深刻化した。

（4）1980年代に発生した不健全な好景気であるバブル経済は，1991年に崩壊した。

-14-